Colección Poesía

© Editores Mexicanos Unidos, S.A. Luis González Obregón 5-B Col. Centro
Delegación Cuauhtémoc. C.P. 06020. Tels: 521-88-70 al 74

Miembro de la Cámara Nacional de la Industria Editorial, Reg. No. 115

Diseño de portada: Mabel Laclau Miró.

Ilustración: Fragmento. Pierre Auguste Renoir. Las grandes bañistas.
Museo de arte. Filadelfia.

ISBN 968-15-0446-1

4a. Edición, junio 2001

Impreso en México
Printed in Mexico

Poemas de amor

Antología

editores mexicanos unidos, s.a.

VISION

En la penumbra de la alcoba triste,
sin que nadie turbara nuestro ensueño,
la blanca rosa de tu amor me diste
como tributo a mi malsano empeño.

Poco después, cuando con triste llanto
reprochabas mis trágicos excesos,
volví a estrujar tu cuerpecito santo
y a ofender tus mejillas con mis besos.

Tu divina figura es la culpable
de la crueldad con que yo te he tratado,
porque siendo tan bella, eres deseable,
y yo te amé con ansia, enamorado.

Por tu hermosura te besé en la boca
y por ella burlé tu real pureza;
la causa fue de que mi mente loca
olvidara un momento su nobleza.

Y esa es la causa que perdón no imploro
a tu leal corazón, que es tan amante;
llora..., no importa, pues tu justo lloro
más bella te hace ser, más incitante...

Ernesto R. AHUMADA

SAUDADES DE TU CUERPO

Tengo saudades de tu cuerpo. ¿Oíste
correr por la carne y por el alma
mi deseo, tal como un ángel triste
que enlaza nubes en la noche en calma?

Va la saudade de tu cuerpo —¿sientes?—
Siempre conmigo; tiéndese a mi lado,
diciendo y rediciendo que no mientes
cuando me escribes: "ven, mi dulce amado..."

Es tu cuerpo en la sombra esa ansiedad...
Beso sus manos y sus senos-sombra;
su luz me mira y es la oscuridad...

Miro al sol para estar en tu reflejo...
Es la noche este cuerpo que me asombra...
Es la saudade un escultor muy viejo.

Antonio PATRICIO

PETALOS

Al encontrarnos solos en la estancia,
de amor henchidos y de dicha plenos,
temblaron las palomas de tus senos,
y graznaron los buitres de mis ansias.

De su níveo ropaje de novia
desaté cintas y rasgué cendales
y vibraron sus carnes virginales
al fuego abrasador de mis caricias.

6

Al desprenderle los azahares blancos,
se desgranaron por su ebúrneo pecho,
ardientes, perfumados, sensitivos.

Y resbalando por sus tersos flancos,
formaron en las sábanas del lecho
una hilera de puntos suspensivos...

Aurelio CABALLERO ACOSTA

EL FINGIDO DESMAYO

Bajo un sauce llorón que al borde había
de un regazo de linfa transparente,
te vi una tarde de calor ardiente
suspirar con liviana picardía.

Te quitaste la ropa muy tranquila,
segura de que nadie te acechaba,
aunque entre la floresta se agrandaba
buscando tus encantos mi pupila.

Lo primero que vi, fueron tus senos,
menudos, blancos, de misterios llenos,
como esas flores del jardín de mayo.

Después tu vientre de color de rosa
y al ver de Venus la rizada rosa,
lancé un grito... y a ti te dio un desmayo.

Angel G. LUGEA

HORAS DE AMOR

¿Te acuerdas? Quise con impulso aleve,
sobre tu pecho colocar mi oído
y escuchar el dulcísimo latido
con que tu blando corazón se mueve.

Prendí en mis brazos tu cintura breve
y hundí mi rostro en el caliente nido
de tu seno, que es mármol encendido,
carne de flores y abrasada nieve.

¡Con qué prisa y qué fuerza palpitaba
tu enamorado corazón! Pugnaba
tu talle en tanto; mas con ansia loca,

bajo la nieve el corazón latía,
y en su gallarda rebelión quería
saltar del pecho por besar mi boca.

(Anónimo)

─────

CASTIDAD

Tenía la melena corta,
la frente altiva,
la mirada absorta.

Era por la melena rubia
y enérgica
joven leona de Nubia.

Y en el seno arisco
latía una invitación
al mordisco.

En su organismo ardía una vasta
sensualidad;
mas la hembra era casta.

Y murió de belleza:
amó tanto su cuerpo
a lo impuro reacio,
que lo dejó escondido en la montaña
rosa de topacio.
¡Se ahorcó!

El bosque tuvo gravedad de palacio...
Y cuentan que hubo lágrimas de oro
en las orejas tibias del espacio.

José M. BENITEZ

EN EL HAREM

No le calman la fiebre de su vientre ardoroso
ni el placer solitario de afrentosa ignominia,
ni las locas caricias que en amor caprichoso
estrangula en las carnes de su esclava abisinia.

En las lúbricas danzas se desnuda y se agita
a la luz indecisa de un sutil pebetero
y un anhelo indecible y una angustia infinita
martirizan sus carnes con sus garras de acero.

El Kalifa está viejo... Por el amplio serrallo
la Odalisca divaga voluptuosa y sensible
con la sed lujuriosa de saciar su lascivia.

Y de todas sus ansias al supremo desmayo
se retuerce en espasmo de un amor imposible
en los brazos broncíneos de un eunuco de Libia!

Aurelio CABALLERO ACOSTA

EL DESEO

Entró, y con los ojos entornados, apasionadamente, unió sus labios a los míos y nuestras lenguas se encontraron... Jamás había recibido en mi vida un beso como aquél.

Estaba de pie, contra mí dispuesta a todo y encendida de amor. Una de mis rodillas, poco a poco, fue subiendo entre sus muslos cálidos como para un amante. Mi mano, deslizándose ávida y nerviosa sobre su túnica, trataba de adivinar el escondido cuerpo que bajo mi caricia ondulaba, se plegaba, doblándose, se arqueaba, se ponía rígido entre estremecimientos de la piel.

Con sus ojos en delirio designaba el lecho, pero no teníamos derecho a amarnos antes de la ceremonia nupcial y nos separamos bruscamente.

Pierre LOUYS

COMO DIOGENES

Vi tu cuerpo onduloso, exuberante
como un lirio de amor,
acercarse insinuante
henchido de pasión
y puse así en tus labios
todo el encanto de mis besos sabios.
¡Busco un hombre! —dijiste—
busco un hombre armonioso

11

de cuerpo, y alma triste
y en el placer hermoso...
Y apasionado yo estreché tu talle
buscando sólo que tu boca calle.
Pero tú no callaste todavía
y trémula de gozo
pedías aún el hombre triste y bello
que, en su espasmo, te apretase el cuello.

Emilio CARRERE

LAS BANDERAS

Las lucientes cabelleras
de las amantes queridas
son lujuriosas banderas
desplegándose guerreras
sobre las carnes vencidas.

¡Ni redecillas ligeras
ni diademas de brillantes!
Las lucientes cabelleras
de las jóvenes amantes
son lujuriosas banderas.

Y cuando chocan crujientes
las secas bocas ardientes,
se tuercen estremecidas
las cabelleras lucientes
de las amantes queridas.

Maurice ROLLINAT

SONETO

Este soneto quiere tener catorce brazos
como catorce ramas de bugambilia en flor,
para cubrirte toda de férvidos abrazos
en el nupcial encanto de una noche de amor.

Catorce antenas ávidas de captarse en sus lazos
urgidos por el ansia de ceñirte mejor
ese cuerpo que tiene los adorables trazos
de una Venus vestida tan sólo de pudor.

Y gustar en tu boca, salomónicamente,
bajo la lengua, el beso más profundo y ardiente,
hallar entre tus senos impensada merced,

y subir por tus muslos, ondulante y certero
hasta llegar al delta donde está prisionero
el Nilo misterioso que calmará mi sed.

José Luis VELASCO

LLOVIA

Llovía; y en su carne las gotitas
brillaban con fulgores pudorosos,
y sus senos pujantes, deliciosos,
se erguían con vigor de estalagmitas.

Llovía; y un montón de internas cuitas
pugnaban de sus labios temblorosos,
por salir; y entre estros ardorosos
se anudaban nuestras ansias infinitas.

Llovía; más que nunca apasionados
hicimos caso omiso de la lluvia
que nos llegó a golpear de modo austero.

Llovía; y en mis nervios erizados
sólo imperaba la belleza rubia
del cuerpo entre mis brazos prisionero.

Ramón Valentín HERNANDEZ

BESOS Y CEREZAS

Besé tus labios donde guardas loca
el enigma sutil con que embelesas,
y gusté en el almíbar de tu boca
el sangriento dulzor de las cerezas.

Besé tus senos como dos pichones
vibrantes de emoción a mis ternezas,
y en el milagro de sus dos pezones
reventaron sangrientas dos cerezas.

Luego besé tu cuerpo inmaculado,
y en el ardor de lúbricas caricias
te rendiste confiada en mis promesas.

Y rodó febrilmente por el prado,
al desflorar tus púdicas primicias,
un reguero sangriento de cerezas!...

Aurelio CABALLERO ACOSTA

P A G A N A

El cisne se acercó, trémula Leda
la mano hunde en la nieve del plumaje,

y se adormece el alma del paisaje,
en un rojo crepúsculo de seda.

La onda azul, al morir, suspira queda;
gorjea un ruiseñor entre el ramaje
y un toro, ebrio de amor muge salvaje,
en la sombra nupcial de la arboleda.

Tendió el cisne la curva de su cuello,
y con el ala —cándido abanico—
acarició los senos y el cabello...

Leda dio un giro, se quedó extasiada...
Y el cisne levantó rojo, su pico,
como triunfal insignia ensangrentada!

Francisco VILLAESPESA

EROTICA

La hoguera alucinante de tu alma,
exótica en el fondo de tus ojos,
musitaba sus lánguidos antojos
en un divino luminar que ensalma.

La lúbrica caricia que se posa
absorta sobre el rojo de tu boca
con ansias infinitas te destoca
bajo un lampo de noche luminosa.

Mi cuerpo junto al tuyo estrechamente
se funde en un abrazo con fiereza,
mientras dabas al aire, vampiresa,
su cálida canción férvidamente.

Antonio J. VIDAURRETA

EL CUERPO DESNUDO

¿Qué divinidad morena ha encarnado
en tu cuerpo, que es todo perfección?
¿De qué barro divino te han formado
que tu cuerpo es toda una tentación?

El cuerpo desnudo debías llevar
como una mitológica deidad...
¡Qué bellos poemas podrían inspirar
su euritmia y su serenidad!

¿De qué friso griego te arrancaron
y de nuevo la vida te prestaron
para poder tu cuerpo modelar?

¿Qué artista podría copiar tu belleza
y en qué mármol impoluto la pureza
de las líneas de tu cuerpo sin par?

M. B. MARTI

A TI

¡Me miraron tus ojos!... prodigiosas
gemas nocturnas de fulgor altivo,
y mi sueño de amor quedó cautivo
en un lampo de sedas vaporosas!

¡Me besaron tus labios!... que son rosas
de un bermejo fragante, ardiente y vivo,
y a su mágico roce fugitivo,
hubo en mi alma explosión de mariposa!

¡Me atrajeron tus brazos!... y en tus senos
dos capullos tremantes y morenos,
bebió locura mi pasión inquieta.

Y desde entonces, en mis sueños vagos,
fingen tu encanto, los azules lagos,
donde flota mi anhelo de poeta!

Tirso W. CHAZARO

AÑORANZA

Lo recuerdo muy bien... Fue una aventura,
un impulso carnal, una ansia loca
de quebrar en mis brazos su cintura
y desflorar las rosas de su boca.

Mas al gozar sus vírgenes primicias
en el ardor de sádicos excesos,
me embriagué del licor de sus caricias
y me hastié de su carne y de sus besos...

¡Después me abandonó!... Luego otro amante
y muchos más con ansia delirante
hicieron de su cuerpo vil mercado.

Y hoy brindando caricias por cerveza
se muere de lujuria y de tristeza
hundida en los fangales del pecado!...

Aurelio CABALLERO ACOSTA

ANFORAS DE VIDA

Bajo el misterio de la noche bruna
he besado las combas de tus senos
y me he embriagado en sus contornos plenos
de una sutil irradiación de luna.

¡Oh, tus senos divinos! ¡Oh, tus pomas
que destilan melíferas delicias
y tiemblan en las íntimas caricias
como dos eucarísticas palomas!

Cuando el beso "creador", fecundo rastro
gire en tus formas de turgencias vivas
y germine en tu carne sempiterna,

entonces tus dos copas de alabastro
se tornarán en ánforas votivas
del manantial de la inmortal cisterna...!

Aurelio CABALLERO ACOSTA

¡IRONIA!

Yo fui el primero quien con ansia loca,
lleno de ardor y de ilusiones lleno,
gustó de las delicias de tu boca
y se durmió en las curvas de tu seno.

¡Cuántas tardes, rendida a mis antojos,
mis besos enjugaron tus pestañas!...
Besos que al exprimir tus labios rojos
hacían estremecer las entrañas!...

Cuántas noches dijiste cual Julieta:
"No te marches, mi pálido poeta,
que no canta la alondra todavía!"

Y hoy finges virtud a tu otro dueño,
al sentirme reír frunces el ceño
y pasas indolente por la vida...

                    Aurelio CABALLERO ACOSTA

EN EL BAÑO

Oculto en la espesura del boscaje
la miro desnudar: su cuerpo leve
emerge de las sedas del ropaje
como una estatua cincelada en nieve.

Retoza el viento en sus cabellos; y entre
el cruel recato de sus tersos flancos,
¡qué divina la comba de su vientre
y qué frescos sus senos... y qué blancos!

Un placer presentido, intenso, ardiente,
quema sus carnes; y se carbonizan
sus ansias en sus lúbricas ojeras.

Y al hundirse en las ondas del torrente,
las aguas como lenguas se deslizan
por la felpa febril de sus caderas...

                    Aurelio CABALLERO ACOSTA

19

DESEO

La tersura del traje que te ciñe
modelando tus formas juveniles
te diseña sensual como una estatua
cincelada en un mármol de Carrara.

Tu cadera gentil pregona el ritmo
de su andar inquietante y voluptuoso
y en sus curvas de mórbidas durezas
se han prendido las sierpes del Deseo.

Tu presencia me llena de una vaga
y ardorosa visión de fantasía
que trastorna mi mente enardecida...

Y, por verte desnuda entre mis brazos
palpitando a los besos de mi boca,
diera toda la sangre de mis venas...!

Antonio J. VIDAURRETA

S A L O M E

Son cual dos mariposas sus ligeros
pies, y arrojando el velo que la escuda,
aparece magnífica y desnuda
al fulgor de los rojos reverberos.

Sobre la oscura tez, lucen regueros
de extrañas gemas, se abre su menuda
boca, y prodigan su fragancia cruda
frescas flores y raros pebeteros.

Todavía anhelante y temblorosa
del baile sensual, la intacta rosa
de su virginidad brinda al Tetrarca.

Y contemplando el pálido trofeo
de Yokanán, el núbil cuerpo enarca
sacudido de horror y de deseo.

Efrén REBOLLEDO

POSESION

Se nublaron los cielos de tus ojos,
y como una paloma agonizante,
abatiste en mi pecho tu semblante
que tiñó el rosicler de los sonrojos.

Jardín de nardos y de mirtos rojos
era tu seno mórbido y fragante,
y al sucumbir, abriste, palpitante,
las puertas de marfil de tus hinojos.

Me diste generosa tus ardientes
labios, tu aguda lengua que cual fino
dardo vibraba en medio de tus dientes.

Y dócil, mustia, como débil hoja
que gime cuando pasa el torbellino,
gemiste de delicia y de congoja.

Efrén REBOLLEDO

RECUERDO EROTICO

Su cuerpo escultural y alabstrino
cuando hice entrada en nuestra alcoba rosa

21

lo tapó apresurada con el lino
de las ropas del lecho, pudorosa.

En la almohada su cara era una rosa
que me incliné a besar, y ¡oh qué divino
néctar bebí en su boca deliciosa!...
¡Aún gozo a su recuerdo peregrino!

Ya en el lecho, mis manos, la cintura
enlazaron de aquella virgen pura,
que al sentirse también de amor cautiva,

tan dulcemente se rindió, y sus pomas
temblaron como cándidas palomas
junto a mi frente ardiente y pensativa.

Juan JOLFORIO LEIJA

LUJURIA

Cuando murmuras con nervioso acento
tu cuerpo hermoso que a mi cuerpo toca
y recojo en los besos de tu boca
las abrasadas ondas de tu aliento.

Cuando más que ceñir, romper intento
una frase de amor que amor provoca
y a mí te estrechas delirante y loca
todo mi ser estremecido siento.

Ni gloria, ni poder, ni oro, ni fama,
quiero entonces, mujer. Tú eres mi vida,
esta y la otra si hay otra; y sólo ansío

gozar tu cuerpo, que a gozar me llama,
¡ver tu carne a mi carne confundida
y oír tu beso respondiendo al mío!...

Joaquín *DICENTA*

TENTACION

¿Por qué muestras detrás de ese cristal,
como blancas magnolias, tus dos senos,
coronados con sendas rojas fresas
que me incitan a locos desenfrenos?

¿Y el agua que resbala por tu cuerpo
temblando como gotas de rocío,
que llegan a recónditos rincones
y enloquecen de fiebre el cuerpo mío?

¿Por qué? ¿Por qué me muestras incitante
lo que ha de alcanzar mi ardiente boca,
que igual a la de Tántalo sediento
se requema en la fiebre cruel y loca?

¡Apiádate de mí! ¡No me tortures!
Permite que mi labio febriciente,
recorriendo tu cuerpo tembloroso,
¡beba al fin toda el agua, triunfalmente!...

(Anónimo)

NUMERO

Aun los que sienten todo el encanto que exhalas
no piensan que en tu cuerpo escondes tantas alas

tan sólo mi deseo las escucha, las toca
y las besa en el pliegue riente de tu boca,

en la suave y tranquila erección de tus senos,
en tus gestos airados, en tus pasos serenos,
en el ritmo ligero de tu marcha armoniosa,
en la curva del talle que se ensancha gloriosa

en tus ojos, en toda tu clara juventud;
hasta cuando te alejas, entre la multitud,
en tus secretos íntimos vibrar las adivino

desde una tarde cálida de tormenta y ardor,
en que un beso, irritado por el aire felino,
desencadenó todas las alas de tu amor.

Emile VERHAEREN

EL SILENCIO...

Por tus manos indolentes
mi cabello se desflora...
Sufro vértigos ardientes
por las dos tazas de moka

de tus pupilas calientes...
¡Me vuelvo peor que loca
por la crema de tus dientes
en las fresas de tu boca!...

En llamas me despedazo
por engarzarme en tu brazo:
y me calcina el delirio

cuando me yergo en tu vida,
toda de blanco vestida,
toda sahumada de lirio!...

Delmira AGUSTINI

DESEO

¡Mío
bésame!
El beso es el goce supremo de la vida.
Bésame en la boca
y que tus dientes muerdan su pulpa roja
¡para que mi corazón sangre en tus labios
y mi alma comulgue con la tuya!
Bésame.
Tortúrame con el tormento divino de tus besos.
Cuando me besas
eres tú que palpitas en mi boca delirante
¡Y te saboreo lenta...
dulce...
intensamente!...
Bésame.
Con el beso caricia... mordisco...
voluptuosidad...
¡Las llamas abrasan menos
que tu boca en la mía!
¡El beso es el supremo goce de la vida!
Bésame.

Mary CORYLE

¡OH, LAS VAMPIRESAS!

Norka la joyante, destrenzó su cuerpo
de jazmín y rosa, como serpentina;
y sonriendo apenas descubrió sus dientes
más blancos y puros que la nacarina.

Sus carnes de espumas —imán del deseo—
temblaban debajo del deshabillé.
¡Oh! ¡Labios sensuales! ¡Oh! senos erectos
breves y fragantes como rosa té...

Y cayó en mis brazos... ¡Oh! ¡la vampiresa!
me dio el encanto de su hechicería,
y su cuerpo magro, lujurioso y sano
era una serpiente que se retorcía.

Pasaron los años de aquella aventura
pero aún me torturan instintos aviesos:
porque todavía siento palpitantes
las brasas lascivas de sus largos besos!

Adolfo LEON OSORIO

SOÑAR DESPIERTO

¡Soñé que te besaba! Que mi boca
se juntaba a la tuya febrilmente
que en un ansia de amor intensa y loca
te besaba en el seno y en la frente.

Soñé que tus encantos celestiales
gemían rendidos en mis brazos, presos,
que vibraban tus carnes virginales
a las sádicas furias de mis besos.

Soñé que tu pasión, tierna y sensible
te aproximaba a mí con un incierto
furor voraz de ardiente llamarada.

Soñé... No sé decirte... ¡Es imposible!
Sólo puedo contarte que aun despierto
te miraba dormir sobre mi almohada!

Aurelio CABALLERO ACOSTA

SONETO

El índice en el labio sonriente
y la mirada prometiendo goces,
ante mí apareciste, de repente,
como al conjuro de mis propias voces.

Y replegando el cortinón de seda
carmesí, que a tu alcoba impide el paso,
—Entra —dijiste—, con voz tan queda
como un temblor agónico de raso.

Y sobre moriscos almohadones,
nuestras carnes y nuestros corazones,
como dos pareados acoplamos.

Rimamos todos los diminutivos
y el divino soneto terminamos
con un temblor de puntos suspensivos.

Francisco VILLAESPESA

DESEO

Yo no quiero besar tu linda boca
porque anhele las mieles de tus besos;
quiero besarla, porque me provoca,
retándome a nerónicos excesos.

Sé muy bien que tú quieres, niña loca,
saborear lujuriosos embelesos;
me lo dice tu cuerpo que provoca
retándome a nerónicos excesos.

Y como es natural, a mí me toca
saciar esos deseos que en ti están presos,
no apurando las mieles de tus besos,
sino entregados, como en fiebre loca,
a brutales, gnómicos excesos...

Ernesto R. AHUMADA

EROTICA

Las dos níveas palomas de tu seno,
al sacrílego imperio de mi mano
huyeron de la jaula de tu veste
y de lujuria ebrias me arrullaron...

En la penumbra de tus ojos hubo
como un arder de cirios en la noche,
y la plegada rosa de tus labios
se abrió, como al impulso de un resorte...

Tus manos tibias y sedosas fueron
maravillosos lirios de lujuria...

¡Oh, cuánto puede la caricia ardiente
en su elocuencia misteriosa y muda...!

Mayorino FERRARIA

LA ALQUIMIA DE LA VIDA

Blanca, con la blancura transparente
de un trozo de alabastro o marmolina;
con raras contorsiones de serpiente,
desnuda como daga damasquina.

En el lecho nupcial desmelenada,
ebria de amor y de ilusiones loca
me ofrecía su pureza inmaculada,
sus senos inviolados y su boca.

En la sombra el fuego de sus ojos
brillaba cual luciérnaga encendida
tras el vago temblor de sus pestañas...
. . . .
Succioné con pasión sus labios rojos
y destilé la esencia de mi vida
en el vivo cristal de sus entrañas!...

Aurelio CABALLERO ACOSTA

OBLACION

¡Oh! tu boca, que es un nido
de explosiones fragorosas,
do los ósculos se agitan
como silfos entre rosas.

¡Oh! tus ojos tenebrosos,
ojos bellos, ojos grandes,

donde viven mis lujurias
como un cóndor en los Andes.

¡Oh! los Gólgotas nevados
de tus senos, duros, fijos,
donde mueren mis deseos
como rojos crucifijos.

¡Oh! tus manos ambarinas,
manos tersas, conventuales,
blancura de alabastro
y de tocas monacales...

¡Oh! la euritmia de tu cuerpo,
lirio trágico y casual,
todo blanco, como un signo
dame todos los brebajes.

¡Oh! Friné de mis deseos,
Afrodita y centauresa,
cabalístico y fatal!
de tu boca de frambuesa...!

Adolfo LEON OSORIO

¡IDILICA!

Bajo la luz del sol, tibia y bermeja,
blando el andar y la mirada errante,
marcha en silencio la feliz pareja,
con el gozo de amar en el semblante.

De pronto ella se para en el camino
y dice con ingenua picardía:
Te encuentro triste amado, y no adivino
el por qué de esa ausencia de alegría.

Y él responde así: Sabrás, hermosa
que he cometido un crimen en sagrado:
mientras dormías te robé una cosa,
mas quiero devolverte lo robado.

Y ella replica dulce y sonriente:
Explícame tan singular delito;
si tú te muestras ante mí contrito
la ardiente carne de tu cuerpo rosa.

Y habla el doncel con timidez fingida:
Cuando bajé al jardín bajo el ramaje
y sobre flores te encontré dormida,
¡parecías la dríada del boscaje!

Estabas tan radiante, con el seno
más escondido bajo nívea toca,
que acercándome a ti de amores lleno,
besos furtivos arranqué a tu boca...

—¡Qué atrevimiento el tuyo, y qué tunante,
dice ella con oculto regocijo:
tu falta no perdono, y al instante
que me devuelvas lo robado exijo.

Y alargando su rubia cabecita
le presenta su boca perfumada
donde el feliz amante deposita
un beso que se esfuma en la enramada.

Mas ella, eterno manantial de amores,
aviva su pasión no satisfecha
y con voz agitada de temblores
dice, siguiendo la amorosa endecha:

—Bésame más, mi amor, pues tengo el gusto
de imponerte el castigo que me beses;
ya que has devuelto lo robado, es justo
¡que me pagues también los intereses!

Y otra vez sus granados labios bellos
entreabiertos se ofrecen y amorosos,
y otra vez el amante bebe en ellos
mil perfumes y néctares sabrosos.

Y riendo y besando a porfía,
cruzan felices el jardín florido,
cortando aquí una flor con mano impía
y allí inhumanos descolgando un nido.

Pero la sangre se convierte en lava
cuando la hoguera del amor se extrema,
y hay un instante en que el idilio acaba
¡porque empieza la carne su poema!

Luis ARAQUISTAIN

MYRTILO Y PALEMONA

Myrtilo y Palemona, los niños preferidos
por los pastores, juegan en los prados floridos

y ante sus correrías, y ante sus arrebatos
huye toda la fila solemne de los patos.

Como gana Myrtilo el laurel en el juego,
a Palemona estrecha en sus brazos de fuego

pero tiembla al sentir, tras la tela, escondidas
palpitar unas cálidas formas desconocidas.

Y como un dulce fruto entre sus dedos ı̣..
brotan bellos y núbiles los dos senos desnudos.

Cesa el juego; su pecho un gran misterio siente,
y acaricia, acaricia los senos dulcemente,
la ardiente carne de su cuerpo rosa.

Albert SAMAIN

¡SE QUE VAS A VENIR!...

Sé que vas a venir, amada mía. ..
¡Con qué ilusión, con qué ilusión te espero!
Está en reposo, adormecido, el cuarto;
está esperando, aderezado, el lecho.

Yo espero contemplarte en esta sala,
tras el estor de pálidos reflejos,
las regias hermosuras de tu imagen
las áureas desnudeces de tu cuerpo.

Espero tu llegada con gran ansia,
cada minuto se hace eterno
pues sé que han de curarse mis dolencias
con el bálsamo suave de tus besos.

Te adoro, te idolatro, amada mía.
Sé que vas a venir, lo sé y te espero
en la penumbra de mi cuarto alegre,
en la dulzura de mi blando lecho.

Abierta el alma a la ilusión florida
y a la ventura de un placer de ensueño,
puesto mi pensamiento a tu memoria
y en tu lirismo mi adorada, puesto.

Guardo la vida entre mis brazos, guardo
sólo por ti la luz de mi cerebro,
y guardo para darte, en un abrazo
la musical caricia de mis versos.

No tardes; ven, te espero mujer-virgen,
en donde mi alma toda se consume
hambrienta de placer y de deseo,
lo de una dicha embriagadora. Fuego

. . . .

Llegó el instante que mi pecho ansiaba;
el débil ruido de tus pasos siento.
Estrecho entre las mías, tu blanca mano
hecha de piel, de raso y terciopelo...

La noche te acompaña. ¿Ves qué pronto
se ha oscurecido el éxtasis del cielo?
Ven, apaga la luz... ¡Dame tu vida!
Empiece nuestra gloria... Toma... Un beso.

José RICO ESTASEN

BELKIS

Detén, Belkis, tu tropa de elefantes
frente al caliente nido de mi tienda,
y entra, maga gentil de mi leyenda,
con tus trajes de telas deslumbrantes.

Muéstrame tus diamantes, tus diamantes,
las sedas y los cofres de tu ofrenda,
y deja reposando ante mi tienda
la tropa de tus blancos elefantes.

Y cuando ya en mis labios tremulantes
no encuentres más perfume que te encienda,
envuélvete en tus telas coruscantes
y con tu blanca tropa de elefantes
huye, Belkis, del nido de mi tienda.

Efrén REBOLLEDO

VIDA UNIVERSAL

Ama la abeja el cáliz de la rosa,
la vida el olmo que sus pasos guía,
el ruiseñor la noche silenciosa,
la pasionaria el despuntar del día.
Insectos, plantas, pájaros y flores,
cumpliendo ignota ley, sienten amores;
y el alma racional que el bien ansía,
de libertad dotada,
busca su dicha con ardor profundo,
de ventura ideal enamorada.
Si pues todo en el mundo
del fuego del amor vida recibe,
quien vive sin amar, ¿dirá que vive?

Antonio ARNAO

LOS INVISIBLES ÁTOMOS DEL AIRE...

Los invisibles átomos del aire
en derredor palpitan y se inflaman;
el cielo se deshace en rayos de oro;
la tierra se estremece alborozada;
oigo flotando en olas de armonía
rumor de besos y batir de alas;

36

mis párpados se cierran... ¿Qué sucede?
—¡Es el amor que pasa!...

Gustavo Adolfo BECQUER

OVILLEJOS

¿Quién menoscaba mis bienes?
    ¡Desdenes!
¿Y quién aumenta mis duelos?
    ¡Los celos!
¿Y quién prueba mi paciencia?
    ¡Ausencia!
De ese modo en mi dolencia
ningún remedio me alcanza,
pues me matan la esperanza,
desdenes, celos y ausencia.
¿Quién me causa este dolor?
    ¡Amor!
¿Y quién mi gloria repuna?
    ¡Fortuna!
¿Y quién consiente mi duelo?
    ¡El cielo!
De ese modo yo recelo
morir de este mal extraño,
pues se aúnan en mi daño
amor, fortuna y el cielo.
¿Quién mejorará mi suerte?
    ¡La muerte!
Y el bien de amor, ¿quién le alcanza?
    ¡Mudanza!
Y sus males, ¿quién los cura?
    ¡Locura!
De ese modo no es cordura
querer curar la pasión,

cuando los remedios son
muerte, mudanza y locura.

Miguel de CERVANTES SAAVEDRA

BALADA EN HONOR DE LAS MUSAS
DE CARNE Y HUESO

A G. Martínez Sierra

Nada mejor para cantar la vida,
y aun para dar sonrisas a la muerte,
que la áurea copa donde Venus vierte
la esencia azul de su viña encendida.
Por respirar los perfumes de Armida
y por sorber el vino de su beso,
vino de ardor, de beso, de embeleso,
fuéranse al cielo en la bestia de Orlando,
voz de oro y miel para decir cantando:
¡La mejor musa es la de carne y hueso!

Cabellos largos en la buhardilla,
noches de insomnio al blancor del invierno,
pan de dolor con la sal de lo eterno
y ojos de ardor en que Juvencia brilla;
el tiempo en vano mueve su cuchilla,
el hilo de oro permanece ileso;
visión de gloria para el libro impreso
que en sueños va como una mariposa;
y una esperanza en la boca de rosa:
¡La mejor musa es la de carne y hueso!

Regio automóvil, regia cetrería,
borla y muceta, heráldica fortuna,
nada son como a la luz de la luna

una mujer hecha una melodía.
Barca de amar busca la fantasía,
no el *yacht* de Alfonso o la barca de Creso.
Da al cuerpo llama y fortifica el seso
ese archivado y vital paraíso;
pasad de largo, Abelardo y Narciso:
¡La mejor musa es la de carne y hueso!

Clío está en esta frente hecha de aurora,
Euterpe canta en esta lengua fina,
Talía ríe en la boca divina,
Melpóme es ese gesto que implora;
en estos pies Terpsícore se adora,
cuello inclinado es de Erato embeleso
Polymia intenta a Calíope proceso
por esos ojos en que Amor se quema.
Urania rige todo ese sistema:
¡La mejor musa es la de carne y hueso!

No protestéis con celo protestante,
contra el panal de rosas y claveles
en que Tiziano moja sus pinceles
y gusta el cielo de Beatrice el Dante.
Por eso existe el verso de diamar.. ,
por eso el iris tiéndese y por eso
humano genio es celeste progreso.
Líricos cantan y meditan sabios
por esos pechos y por esos labios:
¡La mejor musa es la de carne y hueso!

Envío:

Gregorio: nada al cantor determina
determina como el gentil estímulo del beso,

40

gloria al sabor de la carne divina.
¡La mejor musa es la de carne y hueso!

Rubén *DARIO*

A M O R

El amor es la vida, y la vida es amor;
engendra la locura y abre paso al delirio;
purgatorio de goces y cielo de martirio;
su dolor es tan fuerte, que su dicha es dolor.

Va abriendo paraísos y cerrando ataúdes...
con puñales y flores hace ramos dorados...
Es el mayor pecado de todos los pecados,
y la virtud más grande de todas las virtudes.

El amor es perfume, y es néctar y es veneno;
es camino de rosas y es camino de cieno;
es un rayo de luna besando un corazón...

Es débil como un niño, como un Hércules fuerte
el amor es la flecha que nos causa la muerte,
y tiene el privilegio de la resurrección.

Joaquín *DICENTA* (hijo)

AMOR DE MUJER

del Intermedio de "Canción de Cuna"

¡Ay amor de mujer que así nos ilusionas,
a quien tanto ofendemos y que tanto perdonas,
¿de dónde te ha venido tu excelsa caridad?
¡De qué, sencillamente, eres maternidad!

Tu corazón es pan que nos das en pedazos,
como niños nos diste las mieles de tu pecho:
siempre es calor de cuna el calor de tu lecho,
aunque lo prostituya nuestra carne villana.
¡Madre si eres amante, madre si eres hermana,
madre por pura esencia y madre a todas horas,
si con nosotros ríes, si por nosotros lloras,
ya que toda mujer, porque Dios lo ha querido,
dentro del corazón lleva un hijo dormido!

Gregoria MARTINEZ SIERRA

DEFINICION DEL AMOR

Es hielo abrasador, es fuego helado,
es herida que duele y no se siente,
es un soñado bien, un mal presente,
es un breve descanso muy cansado.

Es un descuido que nos da cuidado,
un cobarde con nombre de valiente,
un andar solitario entre la gente,
un amar solamente ser amado.

Es una libertad encarcelada,
que dura hasta el postrero parosismo;
enfermedad que crece si es curada.

Este es el niño Amor, éste es su abismo.
¡Mirad cuál amistad tendrá con nada
el que en todo es contrario de sí mismo!

Francisco de QUEVEDO

VARIOS EFECTOS DEL AMOR

Sucumbir, atreverse, estar furioso,
áspero, tierno, liberal, esquivo,
alentado, mortal, difunto, vivo,
leal, traidor, cobarde y animoso,

no hallar fuera del bien, centro y reposo,
mostrarse alegre, triste, humilde, altivo,
enojado, valiente, fugitivo,
satisfecho, ofendido y receloso.

Huir el rostro al claro desengaño,
beber veneno por licor suave,
olvidar el provecho, amar el daño,

creer que un cielo en un infierno cabe,
dar la vida y el alma en un engaño;
esto es amor: quien lo probó lo sabe.

Félix Lope de VEGA CARPIO

EL VASO ROTO

Ese vaso en que mueren las verbenas
a un golpe de abanico se trizó,
debió el golpe sutil rozarlo apenas,
pues ni el más leve ruido se sintió.

Mas aquella ligera trizadura,
cundiendo día a día, fue fatal;
su marcha imperceptible fue segura
y lenta circundó el cristal.

Por allí filtró el agua gota a gota
y las flores sin jugo mueren ya;

nadie el daño impalpable..., nadie nota.
¡Por Dios, no lo toquéis, que roto está!

Así suele la mano más querida
con leve toque al corazón trizar,
y el corazón se parte..., y ya perdida
ve la verbena de su amor pasar.

Júzgalo intacto el mundo, y él en tanto
la herida fina y honda que no véis,
siente que cunde destilando llanto.
¡Por Dios, que roto está, no lo toquéis!

Sully PRUDHOMME

¡COMO DUELE...!

Con la plena certeza de que su amor es mío
a cada instante temo que me deje de amar.
¡Su amor es una llama y a veces tengo frío!
¡Me enloquece el silencio y su amor es cantar!

La duda lacerante que me torna sombrío
se diluye en su risa y me pongo a soñar;
mas después, implacable, adquiere nuevo brío
y fustiga mi ensueño hasta verlo sangrar.

Quiero darme en caricias de infinita ternura
para ver en sus ojos el amor hecho llanto.

¡Se me da toda entera y la quiero más mía!
¡**Es mi vida y por ella vivo larga agonía**!...
¡Oh, Señor, cómo duele, cómo duele **amar tanto**.

Malgré TOUT

LA RIMA DE LOS AYES

Cuando te hablen del luto más amargo,
de las desolaciones más amargas,
de la amargura de las negras hieles,
de la negra agresión de las nostalgias,
de las almas más tristes y más torvas,
de las fuentes más torvas y más pálidas,
de las noches más turbias y más largas,
de los ojos más turbios y más secos,
de las fiebres más bravas y más rojas,
de las iras más sordas y más bravas;
acuérdate del tétrico enlutado,
de la lira siniestra y enlutada
envuelta en negros paños, como un féretro,
lleno de sones y de voces vagas,
cual si gimiera un alma tenebrosa
en el hueco sonoro de una caja.

¡Qué noche! Palideces de cadáver
tenían los fulgores de mi lámpara,
y como una grande ave prisionera
latía el corazón, allá en la estancia,
que estaba fría y negra, triste y negra:
¡Negra con la presencia de mi alma!
de un rincón donde había mucha noche,
como un enorme horror, surgió un fantasma.
Acuérdate del ojo más opaco,
de la frente más lívida y más calva,
del presagio más triste de tus sueños,
de un miedo estrangulante como garra.
De la angustia de intensa pesadilla
que se siente caer como una lápida,
de la noche del Viernes doloroso...
y piensa luego en mí: ¡yo era el fantasma!

    ¡Ah, cuando oigas hablar de esos tormentos
cuyo amor anega las gargantas,
que aprietan los sollozos delirantes
como filosos garfios de tenaza.
¡Ah, cuando oigas hablar de esas angustias
que atormentan las vidas desoladas,
como los vientos nubios que atormentan
la desolada arena del Sahara.
¡Ah, cuando oigas hablar de esas pasiones!
que vuelca el corazón como la lava
—candente sangre de las hondas vetas
que vuelca la erupción como honda náusea—
¡Ah, cuando oigas hablar de esas angustias!
que obscuros huecos en los pechos cavan,
cual la enorme espiral de remolinos
que perfora en los golfos la resaca;
diles que existe un lóbrego paraje,
en la infinita latitud de mi alma,
con silenciosas noches de seis meses
cual la triste península Kamtchatka,
que allí vive la musa de los aves.
mi concubina desolante y pálida,
en cuyas carnes hostilmente frías
se quiebra la Intención, como una espada.
Que allí existe una cumbre siempre muerta
bajo el aire polar y que se llama
monte de las tristezas y que moran
familias de cipreses en sus faldas.
Que allí flotan lamentos de suicidas,
que allí ruge un mar de ondas acerbas
que enturbian los asfaltos y las naftas,
y que en ella las almas desembocan
los tristes sedimentos de sus llagas.
Que allí brama la fiera que está oculta
tras el perfil de la frontera atávica,

que allí ladran los lobos formidables,
que allí retoña en su raíz la garra,
que allí recobra la siniestra célula
todos los cienos de su obscura infancia!

¡Ah, cuando oigas hablar de esos errantes
cuya leprosa piel quema y contagia
cuando entres a esos lúgubres talleres
donde baten los hierros de las armas,
cuando sueñes que un sapo te acaricia
con su beso de almizcles y de babas,
cuando recuerdes al Luzbel llorando
un llanto cruel como collar de brasas:
acuérdate del tétrico enlutado,
cual las liras siniestras y enlutadas,
que vibra como un féretro sonoro
que mantuviese prisionera un alma;
de los sonoros féretros que vibran
de las liras siniestras y enlutadas,
del pálido siniestro que te besa,
del beso de huracán que hay en tu alma,
del huracán que pone con un beso
sus negros labios en tu frente pálida,
de la estrella y la noche:
de tu alma y de mi alma!

Leopoldo LUGONES

EL AMOR DE LAS SELVAS

Yo apenas quiero ser humilde araña
que en torno tuyo su hilazón tejiera
y que, como explorando una montaña,
se enredase en tu misma cabellera.

Yo quiero ser gusano, hacer encaje;
dar mi capullo a las dentadas ruedas;
y así poder, en la prisión de un traje,
sentirte palpitar bajo mis sedas...

¡Y yo quiero también, cuando se exhala
toda esta fiebre que mi amor expande,
ir recorriendo la salvaje escala
desde lo más pequeño hasta lo más grande!

Yo quiero ser un árbol: darte sombra;
con las ramas, la flor, hacerte abrigo;
y con mis hojas secas una alfombra
donde te echaras a soñar conmigo...

Yo quiero ser un río: hacer un lazo
y envolverte en las olas de mi abismo,
para poder ahogar con un abrazo
y sepultarte en el fondo de mí mismo.

Yo soy bosque sin trocha: abre el sendero,
yo soy astro sin luz: prende la tea.
Cóndor, boa, jaguar, ¡yo apenas quiero
ser lo que quieras tú que por ti sea!

Yo quiero ser un cóndor, hacer gala
de aprisionar un rayo entre mi pico;
y así soberbio..., regalarte un ala,
¡para que te hagas de ella un abanico!

Yo quiero ser un boa; en mis membrudos
lazos ceñirte la gentil cintura;
envolver las pulseras de mis nudos;
y morirme oprimiendo tu hermosura...

Yo quiero ser caimán de los torrentes;
y de tus reinos vigilar la entrada,
mover la cola y enseñar los dientes,
como un dragón ante los pies de un hada.

Yo quiero ser jaguar de tus montañas,
arrastrarte a mi propia madriguera,
para poder abrirte las entrañas...
¡y ver si tienes corazón siquiera...!

José Santos CHOCANO

PEPA — JUANA

Sonata de la novia gallarda y campesina

¡Dios te guarde, Pepa-Juana
     la garrida!
   Repulida,
fragante flor aldeana;
fruta en sazón, rica y sana,
incitante y olorosa
de la huerta castellana,
como Flérida, sabrosa...
Es tu silvestre hermosura
admiración y pecado,
     criatura;
al más justo atrae y altera
    tu figura,
talle esbelto y espigado.
Es ánfora tu cintura
cimbrante y apretada
sobre la firme cadera
    modelada
en la pulpa tersa y dura
de tu carne codiciada.

Y aunque en trance de casorio
con Gregorio, el rico, estés,
y aunque el arisco Gregorio
gruña de celos después,
bien sabes tú que eso es
lo que enardece de gusto
y **enciende en febril deseo**
a cuantos en torno ves
cuando, irguiendo aún más el busto,
retadora y jaranera,
con pícaro contoneo
y gentil tamborileo
        de los pies,
pasas triunfante y ligera
        por la acera
        a la vera
        de la mies.
¡Ay, gallarda y repulida
        castellana!
        la garrida,
        la galana...
Llévame tú de la mano
al vetusto caserón
        aldeano
donde vives, Pepa-Juana.
Por el macizo portón
entremos en la cocina
        campesina
de ennegrecida campana,
en cuyo vuelo reposa
sobre el rojo fogaril
limpia loza segoviana
junto a la trébede ociosa
y junto al viejo candil.
Prende el panzudo velón

que tu abuelo marcó antaño
en Riaza, y abre el arcón
de carcomido castaño
que oscurece aquel rincón.
Yo sé que en él guardas toda
la ropa, por ti cortada
  y cosida
  de tu boda,
que, puntada tras puntada,
habla de tanta velada
junto al crepitante hogar
desde que fuiste pedida
luego de ser cortejada.
Y quiero que me la muestres
tu propia mano, y gozar
de su intenso olor campestre,
aunque así al hacerlo, hayas
de enrojecer de rubor...
¡Compró el novio lo mejor!
¡Rica tela, encaje fino!...
¡Buen corte es el de esas sayas
  de merino!
  ¡Qué primor
de remates y jaretas,
qué alforzas, qué cadenetas,
qué bodoques y calados,
cuánta y cuán fina labor!
¡Y esos pañuelos bordados
  en color!...
Déjame oler, Pepa-Juana,
tu equipo humilde y sencillo,
tu blanca ropa interior,
que trasciende a mejorana
y a membrillo,
con el olor de tus senos
palpitantes y morenos,

magnolias aprisionadas
que oprimes y mortificas
en la cárcel de un justillo
entre rejas apretadas
de vainicas...
¡Bien está!... Cierra el arcón,
que ya al fin te dejo sola
con tu propio corazón...
Cálmese tu confusión
y la encendida amapola
      de tu tez,
      florecida,
por inefable emoción
hágase nardo otra vez,
Pepa-Juana la garrida.
Vuelva a su sitio el velón:
torno el paso, cierro el pico,
que llegó la despedida...
Junto al macizo portón,
ahora que Gregorio el rico
está lejos, por fortuna,
al resplandor de la luna,
zagala, como estoy preso
en la augusta maravilla
de esta noche de Castilla,
¡toma!, te robo este beso
en tu fragante mejilla
      ruborosa,
      más gustosa
y dulce que una manzana...
Rica fruta castellana,
como Flérida, sabrosa.
¡Dios te guarde, Pepa-Juana!

Arturo CUYAS DE LA VEGA

DESPEDIDA

Conque entonces, adiós, ¿no olvidas nada?
Bueno, vete... Podemos despedirnos.
¿Ya no tenemos nada que decirnos?
Te dejo, puedes irte... Aunque no, espera,
espera todavía
que pare de llover... Espera un rato.
Y sobre todo, ve bien abrigada,
pues ya sabes el frío que hace allí afuera:
un abrigo de invierno es lo que habría
que ponerte... ¿De modo que te he devuelto todo?
¿No tengo nada tuyo?
¿Has tomado tus cartas, tu retrato?

Y bien, mírame ahora, amiga mía;
puesto que en fin, ya va uno a despedirse
¡Vaya! no hay que afligirse;
¡vamos! no hay que llorar, ¡qué tontería!

Y qué esfuerzo tan grande
necesitan hacer nuestras cabezas
para poder imaginar y vernos
otra vez los amantes
aquellos, tan rendidos y tan tiernos
que habíamos sido antes!
Nos habíamos las vidas entregado
para siempre, uno al otro, enteramente,
y he aquí que ahora nos las devolvemos,
y tú vas a dejarme y yo voy a dejarte,
y pronto partiremos
cada quien con su nombre, por su lado...
Recomenzar... vagar...
vivir en otra parte...
Por supuesto, al principio sufriremos,
pero luego vendrá piadoso olvido,

único amigo fiel que nos perdona;
y habrá otra vez en que tú y yo tornaremos
        a ser como hemos sido,
entre todas las otras, dos personas.

        Así es que vas a entrar a mi pasado.
Y he de verte en la calle desde lejos,
sin cruzar, para hablarte, a la otra acera,
        y nos alejaremos distraídos
        y pasarás ligera
con trajes para mí desconocidos.
Y estaremos sin vernos largos meses,
y olvidaré el sabor de tus caricias,
y mis amigos te darán noticias
        de "aquel amigo tuyo".
Y yo a mi vez, con ansia reprimida
        por el mal fingido orgullo
preguntaré por la que fue mi estrella,
y al referirme a ti, que eras mi vida,
a ti, que eras mi fuerza, y mi dulzura,
        diré: ¿cómo va aquélla?

        Nuestro gran corazón, ¡qué pequeño era!
nuestros muchos propósitos, ¡qué pocos!
y sin embargo, estábamos tan locos
al principio, en aquella primavera.
¿Te acuerdas? ¡La apoteosis! ¡El encanto!
        ¡Nos amábamos tanto!
¿Y esto era aquel amor? ¡Quién lo creyera!
De modo que nosotros —aún nosotros—
        cuando de amor hablamos
        ¿somos como los otros?
        He aquí el valor que damos
a la frase de amor que nos conmueve.
¡Qué desgracia, Dios mío, que seamos
lo mismo que son todos! ¡Cómo llueve!

Tú no puedes salir así, lloviendo
¡Vamos! quédate, mira, te lo ruego,
ya trataremos de entendernos luego.

Haremos nuevos planes,
y aun cuando el corazón haya cambiado,
quizá revivirá el amor pasado
al encanto de viejos ademanes.

Haremos lo posible;
se portará uno bien. Tú, serás buena.

Y luego... es increíble,
tiene uno sus costumbres, la cadena
llega a veces a ser necesidad.

Siéntate aquí, bien mío;
recordarás junto de mí tu hastío,
y yo cerca de ti mi soledad.

Paul GERALDY

ERA UN AIRE SUAVE...

Era un aire suave, de pausados giros;
el hada Harmonía ritmaba sus vuelos,
e iban frases vagas y tenues suspiros
entre los sollozos de los violoncellos.

Sobre la terraza, junto a los ramajes,
diríase un trémolo de liras eolias
cuando acariciaban los sedosos trajes,
sobre el tallo erguidas, las blancas magnolias.

La marquesa Eulalia risas y desvíos
daba a un tiempo mismo para dos rivales:
el vizconde rubio de los desafíos
y el abate joven de los madrigales.

Cerca, coronado con hojas de viña,
reía en su máscara Término barbudo,
y, como un efebo que fuese una niña,
mostraba una Diana su mármol desnudo.

Y bajo un boscaje del amor palestra,
sobre rico zócalo al modo de Jonia,
con un candelabro prendido en la diestra
volaba el Mercurio de Juan de Bolonia.

La orquesta parlaba sus mágicas notas;
un coro de sones alado se oía;
galantes pavanas, fugaces gavotas
cantaban los dulces violines de Hungría.

Al oír las quejas de sus caballeros,
ríe, ríe, ríe la divina Eulalia,
pues son su tesoro las flechas de Eros,
el cinto de Cipria, la rueca de Onfalia.

¡Ay de quien sus mieles y frases recoja!
¡Ay de quien del canto de su amor se fíe!
Con sus ojos lindos y su boca roja,
la divina Eulalia, ríe, ríe, ríe.

Tiene azules ojos, es maligna y bella;
cuando mira, vierte vivaz luz extraña;
se asoma a sus húmedas pupilas de estrella
el alma del rubio cristal de Champaña.

Es noche de fiesta, y el baile de trajes
ostenta su gloria de triunfos mundanos.
La divina Eulalia, vestida de encajes,
una flor destroza con sus tersas manos.

El teclado armónico de su risa fina.
Con los *staccati* de una bailarina

a la alegre música de un pájaro iguala,
y las locas fugas de una colegiala.

¡Amoroso pájaro que trinos exhala
bajo el ala a veces ocultando el pico;
que desdenes rudos lanza bajo el ala,
bajo el ala aleve del leve abanico!

Cuando a medianoche sus notas arranque
y en arpegios áureos gima Filomela,
y el ebúrneo cisne, sobre el quieto estanque,
como blanca góndola imprima su estela,

la marquesa alegre llegará al boscaje,
boscaje que cubre la amable glorieta
donde han de estrecharla los brazos de un paje,
que siendo su paje será su poeta.

Al compás de un canto de artista de Italia
que en la brisa errante la orquesta deslíe,
junto a los rivales, la divina Eulalia,
la divina Eulalia ríe, ríe, ríe.

¿Fue acaso en el tiempo del rey Luis de Francia,
sol con corte de astros, en campos de azur,
cuando los alcázares llenó de fragancia
la regia y pomposa rosa Pompadour?

¿Fue cuando la bella su falda cogía
con dedos de ninfa, bailando el minué,
y de los compases el ritmo seguía
sobre el tacón rojo, lindo y leve el pie?

¿O cuándo pastoras de floridos valles
ornaban con cintas sus albos corderos,
y oían, divinas Tirsis de Versalles,
las declaraciones de sus caballeros?

¿Fue en ese buen tiempo de duques pastores,
de amantes princesas y tiernos galanes,
cuando entre sonrisas y perlas y flores
iban las casacas de los chambelanes?

¿Fue acaso en el Norte o en el Mediodía?
Yo el tiempo y el día y el país ignoro;
pero sé que Eulalia ríe todavía,
¡y es cruel y eterna su risa de oro!

Rubén DARIO

LA CASADA INFIEL

Y que yo me la llevé al río
creyendo que era mozuela,
pero tenía marido.

Fue la noche de Santiago
y casi por compromiso
se apagaron los faroles
y se encendieron los grillos.

En las últimas esquinas
toqué sus pechos dormidos,
y se me abrieron de pronto
como ramos de jacintos.

El almidón de su enagua
me sonaba en el oído
como una pieza de seda
rasgada por diez cuchillos.

Sin luz de plata en sus copas
los árboles han crecido

y un horizonte de perros
ladra muy lejos del río.

Pasadas las zarzamoras,
los juncos y los espinos,
bajo su mata de pelo
hice un hoyo sobre el limo.

Yo me quité la corbata.
Ella se quitó el vestido.
Yo el cinturón con revólver.
Ella sus cuatro corpiños.

Ni nardos ni caracolas
tienen el cutis tan fino,
ni los cristales con luna
relumbran con ese brillo.

Sus muslos se me escapaban
como peces sorprendidos,
la mitad llenos de lumbre,
la mitad llenos de frío.

Aquella noche corrí
el mejor de los caminos,
montado en potra de nácar
sin bridas y sin estribos.

No quiero decir, por hombre,
las cosas que ella me dijo.
La luz del entendimiento
me hace ser muy comedido.

Sucia de besos y arena
yo me la llevé del río.
Con aire se batían
las espadas de los lirios.

Me porté como quien soy.
Como un gitano legítimo.
La regalé un costurero
grande de raso pajizo.

Y no quise enamorarme,
porque teniendo marido
me dijo que era mozuela
cuando la llevaba al río.

Federico GARCIA LORCA

LOCURA DE AMOR

Un noble mago, rey de los placeres,
viendo el pesar horrible que me inquieta
exclamó bondadoso: Di, ¿qué quieres
para vivir feliz, pobre poeta?
    ¿Quieres príncipe ser?... ¿Quieres honores?...
¿Quieres triunfar cual esforzado atleta?...
¿Quieres ser el señor de los señores?...
¿Quieres el cetro que avasalla el mundo?...
¿Quieres ceñir laureles triunfadores?...
¿Quieres talento sin igual profundo?...
¿Quieres tener de Adonis la belleza?...
¿Quieres gozar de amor casto y fecundo?...
¿Quieres llenar tus arcas de riqueza?...
¿Quieres la ciencia infame del protervo
donde la humana perversión empieza?
Calló el mago, y alzando la cabeza,
triste le contesté: —¡Quiero ser cuervo!...

Como a un demente contemplóme el mago
con extrañeza grande en la mirada,
y con acento doloroso y vago
así le dije con la voz turbada:

—Movido por el diablo de los celos,
ayer di muerte a mi gentil amada,
la de pupilas bellas cual los cielos,
la de la boca más fresca y sonriente
que el rosal que hace rosas mis anhelos
cuando despunta el sol en el oriente.

La maté por hermosa y por coqueta,
desgarré su belleza refulgente,
destrocé de sus ojos la violeta
y al mirarla morir, en mi delirio,
con afanes sangrientos de poeta
y con locos empeños de martirio,
puse en su frente nítidos jazmines,
en su seno de nieve un blanco lirio,
y le di por magníficos chapines
capullos de azucenas y de nardos...
¡Todo lo que es pureza en los jardines...!
y en los sueños sublimes de los bardos...!

—¡Grave cosa es matar! —con dulce acento
el noble mago a compasión movido
me dijo, y luego murmuró: —Lo siento,
y aunque me extraña el crimen cometido
te salvaré de la justicia airada
y aun he de darte seductor olvido
si antes me explicas con franqueza honrada
por qué quieres ser cuervo, gran poeta.
Y contesté con emoción secreta:
—¡Para comerme el cuerpo de mi amada!

Catulle MENDES

LA INQUIETUD FUGAZ

He mordido manzanas y he besado tus labios,
he abrazado a los pinos olorosos y negros.
Hundí, inquieta, mis manos en el agua que corre,
que cruza la pradera, como una sierpe grave.
He huroneado en la selva milenaria de cedros
y he corrido por todos los pedrosos caminos
que ciñen como fajas la ventruda montaña.
¡Oh, amado, no te irrites por mi inquietud sin tregua!
¡Oh, amado, no me riñas porque cante y me ría!
Ha de llegar un día en que he de estarme quieta,
　　　¡ay, por siempre, por siempre!
con las manos cruzadas y apagados los ojos,
con los oídos sordos y con la boca muda,
y los pies andariegos en reposo perpetuo
　　　sobre la tierra negra.
¡Y estará roto el vaso de cristal de mi risa
en la grieta obstinada de mis labios cerrados!
Entonces, aunque me digas "¡Anda!" ya no andaré.
Y aunque me digas "¡Canta!" no volveré a cantar.
Me iré desmenuzando en quietud y en silencio
　　　bajo la negra tierra.
mientras encima mío se oirá zumbar la vida
　　　como una abeja ebria.
　　　¡Oh, déjame que guste el dulzor del momento
　　　fugitivo e inquieto!
¡Oh, deja que la rosa desnuda de mi boca
　　　se te oprima a los labios!
Después será ceniza bajo la tierra negra.

Juana de IBARBOUROU

LA CITA

Me he ceñido toda con un manto negro
estoy toda pálida, la mirada extática,
y en los ojos tengo partida una estrella.
¡Dos triángulos rojos en mi faz hierática!

Ya ves que no luzco siquiera una joya,
ni un lazo rosado, ni un ramo de dalias.
Y hasta me he quitado las hebillas ricas
de las correhuelas de mis dos sandalias.

Más soy esta noche, sin oros ni sedas,
esbelta y morena como un lirio vivo,
y estoy toda ungida de esencias de nardos,
y soy toda suave bajo el manto esquivo.

Y en mi boca pálida florece ya el trémulo
clavel de mi beso que aguarda tu boca,
y a mis manos largas se enrosca el deseo
como una invisible serpentina loca.

¡Descíñeme, amante! ¡Descíñeme, amante!
Bajo tu mirada surgiré como una
estatua brillante sobre un plinto negro
hasta el que arrastra como un can, la luna.

Juana de IBARBOUROU

LA HORA

Tómame ahora que aún es temprano
y que llevo dalias nuevas en la mano.

Tómame ahora que aún es sombría
esta taciturna cabellera mía.

Ahora, que tengo la carne olorosa
y los ojos limpios y la piel de rosa.

Ahora, que calza mi planta ligera
la sandalia viva de la primavera.

Ahora, que en mis labios repica la risa
como una campana sacudida a prisa.

Después... ¡ah, yo sé
que ya nada de eso más tarde tendré!

Que entonces inútil será tu deseo
como ofrenda puesta sobre un mausoleo.

¡Tómame ahora que aún es temprano
y que tengo rica de nardos la mano!

Hoy, y no más tarde. Antes que anochezca
y se vuelva mustia la corola fresca.

Hoy, y no mañana. Oh, amante, ¿no ves
que la enredadera crecerá ciprés?

Juana de IBARBOUROU

VIDA-GARFIO

Amante, no me lleves, si muero, al camposanto.
A flor de tierra abre mi fosa, junto al riente
alboroto divino de alguna pajarera
o junto a la encantada charla de alguna fuente.

A flor de tierra, amante. Casi sobre la tierra
donde el sol me caliente los huesos, y mis ojos
alargados en tallos, suban a ver de nuevo
la lámpara salvaje de los ocasos rojos.

A flor de tierra, amante. Que el tránsito así sea
más breve. Yo presiento
la lucha de mi carne por volver hacia arriba,
por sentir en sus átomos la frescura del viento.

Yo sé que acaso nunca allá abajo .
    podrán estarse quietas.
Que siempre como topos arañarán la tierra
en medio de las sombras estrujadas y prietas.

    Arrójame semillas. Yo quiero que se enraicen
en la greda amarilla de mis huesos menguados.
¡Por la parda escalera de las raíces vivas
yo subiré a mirarte en los lirios morados!

Gabriela MISTRAL

AMO AMOR

    Anda libre en el surco, bate el ala en el viento,
late vivo en el sol y se prende al pinar.
No te vale olvidarlo como al mal pensamiento:
    ¡le tendrás que escuchar!

    Habla, lengua de bronce y habla lengua de ave,
ruegos tímidos, imperativos de mar.
No te vale ponerle gesto audaz, ceño grave:
    ¡lo tendrás que hospedar!

    Grata trazas de dueño; no le ablandan excusas.
Rasga vasos de flor, hiende el hondo glaciar.
No te vale decirle que albergado rehúsas:
    ¡lo tendrás que hospedar!

    Tiene argucias sutiles en la réplica fina,
argumentos de sabio, pero en voz de mujer.
Ciencia humana te salva, menos ciencia divina:
    ¡le tendrás que creer!

    Te echa venda de lino; tú la venda toleras.
Te ofrece el brazo cálido, no le sabes huir.

Echa a andar, tú le sigues hechizada aunque vieras
¡que eso para en morir!

B A L A D A

El pasó con otra;
yo le vi pasar.
Siempre dulce el viento
y el camino en paz.
¡Y estos ojos míseros
le vieron pasar!

El va amando a otra
por la tierra en flor.
Ha abierto el espino;
pasa una canción.
¡Y él va amando a otra
por la tierra en flor!

El besó a la otra
a orillas del mar;
resbaló en las olas
la luna de azahar.
. . .¡Y no untó mi sangre
la extensión del mar!

El irá con otra
por la eternidad.
Habrá cielos dulces.
(Dios quiere callar.)
¡Y él irá con otra
por la eternidad!

INTIMA

Tú no oprimas mis manos.
Llegará el duradero
tiempo de reposar con mucho polvo
y sombra en los entretejidos dedos.

Y dirías: —No puedo
amarla, porque ya se desgranaron
como mieses sus dedos.

Tú no beses mi boca.
Vendrá el instante lleno
de luz menguada, en que estaré sin labios
sobre un mojado suelo.

Y dirías: —La amé, pero no puedo
amarla más, ahora que no aspira
el olor de retamas de mi beso.

Y me angustiará oyéndote,
y hablarás loco y ciego,
que mi mano será sobre tu frente
cuando rompan mis dedos,
y bajará, sobre tu cara llena
de ansia, mi aliento.

No me toques, por tanto. Mentiría
al decir que te entrego
mi amor en estos brazos extendidos,
en mi boca, en mi cuello,
y tú, al creer que lo bebiste todo,
te engañarías como un niño ciego.

Porque mi amor no es sólo esta gavilla
reacia y fatigada de mi cuerpo,

que tiembla entera al roce del cilicio
y que se me rezaga en todo vuelo.

Es lo que está en el beso, y no es el labio;
lo que rompe la voz, y no es el pecho:
¡es un viento de Dios, que pasa hendiéndome
el gajo de las carnes, volandero!

EL CLAMOR

Alguna vez, andando por la vida,
por piedad, por amor,
como se da una fuente, sin reservas,
yo di mi corazón.

Y dije al que pasaba, sin malicia,
y quizá con fervor:
—Obedezco a la ley que nos gobierna:
He dado el corazón.

Y tan pronto lo dije, como un eco,
ya se corrió la voz:
—Ved la mala mujer esa que pasa:
Ha dado el corazón.

De boca en boca, sobre los tejados,
rodaba este clamor:
—¡Echadle piedras, eh, sobre la cara;
ha dado el corazón!

Ya está sangrando, sí, la cara mía,
pero no de rubor;
que me vuelvo a los hombres y repito:
¡He dado el corazón!

Alfonsina STORNI

LA CARICIA PERDIDA

Se me va de los dedos la caricia sin causa,
se me va de los dedos... En el viento, al rodar,
la caricia que vaga sin destino ni objeto,
la caricia perdida, ¿quién la recogerá?

Pude amar esta noche con piedad infinita,
pude amar al primero que acertara a llegar.
Nadie llega. Están solos los floridos senderos.
La caricia perdida, rodará... rodará...

Si en el viento te llaman esta noche, viajero,
si estremece las ramas un dulce suspirar,
si te oprime los dedos una mano pequeña
que te toma y te deja, que te logra y se va.

Si no ves esa mano, ni la boca que besa,
si es el aire quien teje la ilusión de llamar,
oh, viajero, que tienes como el cielo los ojos,
en el viento fundida ¿me reconocerás?

Soy suave y triste si idolatro, puedo
bajar el cielo hasta mi mano cuando
el alma de otro al alma mía enredo.
Plumón alguno no hallarán más blando.

Ninguna como yo las manos besa,
ni se acurruca tanto en un ensueño,
ni cupo en otro cuerpo, así pequeño,
un alma humana de mayor terneza.

Muero sobre los ojos, si los siento
como pájaros vivos, un momento,
aletear bajo mis dedos blancos.

Sé la frase que encanta y que comprende:
y sé callar cuando la luna asciende
enorme y roja sobre los barrancos.

SOÑE QUE ERAS UNA MUÑECA

Tuve un sueño de amor, sueño de armiño,
soñé que yo era un niño,
era como un polichinela enamorado
que de hinojos vivía a tu lado.

Tú eras una muñeca
blanca, blanca como tu nombre;
de mejillas rosadas, de labios rojos,
de dientes perla y de brillantes ojos.

Tenía ya la tendencia a lo divino
que encierra el tesoro femenino,
y soñé que en mis manos jugueteaba
tu cuerpo de mujer que me embriagaba;
pero una noche, jugando al amor, una
maldad me aconsejó la luna
y tomándote ardiente entre mis brazos
al quererte besar te hice pedazos,
y ya rota mi fe fugaz y vana,
levanté de mis pies la porcelana
estrellada al furor de mis excesos
y la bañé con llanto y con mis besos...
Tus bellos ojos negros aún fulgían
y tus labios ya rotos sonreían.
Cuando volví a la vida sollozante
y busqué tus despojos anhelante,
ni eras una muñeca, ni yo un niño.
Eras un sueño de amor por mi cariño...

Y en la vida, así voy, por siempre amado,
y en la senda de amor, siempre soñando.

Luis G. BAYARDI

CELOS

Al saber la verdad de tu perjurio,
loco de celos, penetré en tu cuarto...
Dormías inocente como un ángel,
con los rubios cabellos destrenzados,
enlazadas las manos sobre el pecho
y entreabiertos los labios...

Me aproximé a tu lecho, y de repente
oprimí tu garganta entre mis manos.
Despertaste... Miraron tus ojos...
¡Y quedé deslumbrado,
igual que un ciego que de pronto viese
brillar del sol los luminosos rayos...!

¡Y en vez de estrangularte, con mis besos
volví a cerrar el oro de tus párpados!

Francisco VILLAESPESA

FUGA

En la estepa
desolada,
bajo el cielo de una noche que exprimía
sus estrellas como lágrimas,
contra el viento que gemía amargamente
como cuerda de guitarra
que retuerce su sonido
bajo el dedo que lo arranca,

un trineo,
un trineo todo frágil y crujiente como cáscara,
iba en fuga por las nieves,
entre sueños y neblinas y suspiros de fantasmas.

¡¿Y quién sabe la pareja
que en el rápido trineo se escapaba?!
El, macizo,
de ancho tórax y de atléticas espaldas;
ella, leve,
mal envuelta con pelajes y con gasas.

¿Quiénes eran?
¡Quienes fueran! Dos amantes, sólo una alma.

Y en la estepa desolada,
los caballos relinchantes y nerviosos
galopaban... galopaban... galopaban...

De repente,
desde el fondo de las sombras apretadas,
llegó el eco de un galope
que al galope de caballos contestaba.

—¿Son los lobos? —¡Son los lobos!
Y las ráfagas
de aquel viento parecían
como aullidos de hambre y rabia...
Y las luces de los astros
como ojos de amenaza...

¡TABERNERO!

¡Tabernero!
¡Voy de paso!
dame un vaso

de tu vino
que me quiero
emborrachar,
para dejar de pensar
en este cruel destino,
que me hiere sin cesar...!
¡Tabernero, dame vino
del bueno para olvidar!

Tú que a todos envenenas
con tu brebaje maldito,
¿cómo quieres comprender
lo infinito
de las penas
que da al morir un querer?
Acaso nada te apura
porque tienes la ventura
de tener
una dulce compañera
que te espera
sin saber
que algún día, no lejano,
para nunca más volver.

Yo también tuve un amor,
que fue grande, ¡quizás tanto
como lo es hoy mi dolor!
y también sentía el encanto
de una boca perfumada,
que en la frente y en los ojos
y en los labios me besó!
Yo también tuve mi amada,
pero... ya no tengo nada
porque Dios me la quitó...!
Ya ves, qué amargo el destino

que me hiere sin cesar.
¡Tabernero, dame vino
del bueno para olvidar!

Rubén C. NAVARRO

LA CAIDA DE LAS HOJAS

Cayó como una rosa en mar revuelto,
y desde entonces a llevar no he vuelto
a su sepulcro, lágrimas ni amores;
es que el ingrato corazón olvida,
cuando está en los deleites de la vida,
que los sepulcros necesitan flores.

Murió aquella mujer, con la dulzura
de un lirio y deshojándose en la albura
del manto de una virgen solitaria;
su pasión fue más honda que el misterio;
vivió como una enferma pasionaria.

¡Espera...!, me decía suplicante,
todavía el desengaño está distante:
no me dejes recuerdos ni congojas,
aún podemos amar con mucho fuego;
no te apartes de mí, yo te lo ruego...
¡espera la caída de las hojas!

Espera la llegada de las brumas,
cuando caigan las hojas y las plumas
en los arroyos de agua entumecida,
cuando no haya en el bosque enredaderas
y noviembre deshoje las postreras
rosas fragantes al amor nacidas.

¡No te vayas, por Dios...! hay muchos nidos
y rompen los claveles encendidos
con un beso, sus vírgenes corolas:
todavía tiene el alma arrobamientos,
y se pueden juntar dos pensamientos
como se pueden confundir dos olas.

Deja que nuestras almas soñadoras
con los recuerdos de perdidas horas,
ciernan y entibien sus alitas pálidas,
que se rompa nuestro amor en besos
cual se rompe en los árboles espesos,
en abril, un torrente de crisálidas.

¡Ay...! ¡no te vayas...! triste fuera
no acabar de vivir la primavera
de nuestro amor que se consume y arde;
todavía no hay caléndulas marchitas
y para que me llores necesitas
esperar la caída de la tarde.

Entonces, desplomando tu cabeza
en mi pecho que es nido de tristeza,
me dirás lo que en sueños me decías,
pondrás tus manos en mi rostro enjuto
y anudarás con un listón de luto
mis manos cadavéricas y frías...

¿No ves cómo el amor late y anida
en todas las arterias de la vida
que se me escapa ya?... Te quiero tanto,
que la pasión que mi tristeza cubre,
me llevará como una flor de octubre,
a dormir para siempre al camposanto.

¡Me da pena morir siendo tan joven,
porque me causa celo que me roben
este cariño que la muerte trunca!
Y me presagia el corazón enfermo
que si en la noche del sepulcro duermo,
no he de volver a contemplarte nunca.

¡Nunca...! ¡Jamás! En mi postrer regazo
no escucharé los ecos de tu paso,
ni el eco de tu voz... ¡Silencio eterno!
Si dura mi pasión tras de la muerte
y ya no puedo cariñosa verte,
me voy a condenar en un infierno.

¡Ay! ¡tanto amor para tan breve instante!
¿Por qué la vida cuanto más amante
es más fugaz? ¿Por qué nos brinda flores,
flores que se marchitan sin tardanza,
al reflejo del sol de la esperanza
que nunca deja de verter fulgores?

¡No te alejes de mí, estoy enferma!
Espérame un instante... cuando duerma,
cuando ya no contemples mis congojas!
¡Perdona si con lágrimas te aflijo!
Y cerrando sus párpados me dijo:
¡espera la caída de las hojas!

¡Ha mucho tiempo el corazón cobarde
la olvidó para siempre! Ya no arde
aquel amor de los lejanos días...
Pero ¡ay!, a veces al soñarla siento
que estremecen mi ser calenturiento,
sus manos cadavéricas y frías...!

Fernando CELADA

NOCTURNO

I

¡Pues bien! yo necesito
　　decirte que te adoro,
decirte que te quiero,
　　con todo el corazón;
que es mucho lo que sufro,
　　que es mucho lo que lloro,
que ya no puedo más,
　　y al grito que te imploro
　　te imploro y te hablo en nombre
de mi última ilusión.

II

Yo quiero que tú sepas
　　que ya hace muchos días
estoy enfermo y pálido
　　de tanto no dormir,
que ya se han muerto todas
　　las esperanzas mías,
que son mis noches negras,
　　tan negras y sombrías
que ya no sé ni dónde
　　se alza el porvenir.

III

De noche, cuando pongo
　　mis sienes en la almohada,
y hacia otro mundo quiero
　　mi espíritu volver,
camino mucho, mucho,
　　y al fin de la jornada

la imagen de mi madre
se pierde con la nada
y tú de nuevo vuelves
en mi alma a aparecer.

IV

Comprendo que tus besos
jamás han de ser míos,
comprendo que en tus ojos
no me he de ver jamás,
y te amo, y en mis locos
y ardientes desvaríos
bendigo tus desdenes,
adoro tus desvíos,
y en vez de amarte menos,
te quiero mucho más.

V

A veces pienso en darte
mi eterna despedida,
borrarte en mis recuerdos
y hundirte en mi pasión;
mas si es en vano todo
y el alma no te olvida
¿qué quieres que yo haga
pedazo de mi vida?
¿qué quieres tú que yo haga
con este corazón?

VI

Y luego que ya estaba
concluido tu santuario,
la lámpara encendida,
tu velo en el altar,

el sol de la mañana
    detrás del campanario,
chispeando las antorchas,
    humeando el incensario,
y abierta allá a lo lejos
    la puerta del hogar...

VII

Qué hermoso hubiera sido
    vivir bajo aquel techo,
los dos unidos siempre
    y amándonos los dos;
tú siempre enamorada,
    yo siempre satisfecho,
los dos una sola alma,
    los dos un solo pecho,
y en medio de nosotros
    mi madre como un Dios.

VIII

¡Figúrate qué hermosas
    las horas de esa vida!
¡Qué dulce y bello el viaje
    por una tierra así!
Y yo soñaba en eso,
    mi santa prometida;
y al delirar en ello,
    con alma estremecida,
pensaba yo en ser bueno
    por ti, no más por ti.

IX

¡Bien sabe Dios que era
    mi más hermoso sueño,

mi afán y mi esperanza,
    mi dicha y mi placer;
bien sabe Dios que en nada
    cifraba yo mi empeño,
sino en amarte mucho
    bajo el hogar risueño
que me envolvió en sus besos
    cuando me vio nacer!

X

Esa era mi esperanza;
    mas ya que a sus fulgores
se opone el hondo abismo
    que existe entre los dos,
¡adiós por la vez última,
    amor de mis amores,
la luz de mis tinieblas,
    la esencia de mis flores,
la lira del poeta,
    mi juvenutd, adiós!

Manuel ACUÑA

R E T O

Si porque a tus plantas ruedo
como un ilota rendido,
y una mirada te pido
con temor, casi con miedo;
si porque ante ti me quedo
extático de emoción,
piensas que mi corazón
se va en mi pecho a romper
y que por siempre he de ser

esclavo de mi pasión;
¡te equivocas, te equivocas!,
fresco y fragante capullo,
yo quebrantaré tu orgullo
como el minero las rocas.
Si a la lucha me provocas,
dispuesto estoy a luchar;
tú eres espuma, yo mar
que en sus cóleras confía;
me haces llorar; pero un día
yo también te haré llorar.

Y entonces, cuando rendida
ofrezcas toda tu vida
perdón pidiendo a mis pies,
como mi cólera es
infinita en sus excesos,
¿sabes tú lo que haré en esos
momentos de indignación?
¡Arrancarte el corazón
para comérmelo a besos!

Julio FLOREZ

JUSTICIA

—¡Señor Juez, un malvado, un asesino,
    un pérfido, un traidor,
robóme con la paz de mi destino...!
—¿Robó, decís?
    —¡Mi amor!
    —¿Cuál es su crimen?
        —Inocente y puro
    mi corazón le di...
        —¡Tu corazón!
—¡Creedme, señor Juez, que yo os lo juro!

¡Castigadlo, señor!
—¿Pero, el delito?
         —Engañador y falso
    despedazólo cruel.
¡Las horribles tinieblas de un cadalso
         no bastan, señor Juez!
—¡Deliras, infeliz. A un magistrado
         hablándole de amor!
—¡Oh, ¿le daréis la muerte? Ved que es poco
         comparado a su crimen tan atroz.
Una muerte... Mil muertes no alcanzaban
         a purgar su delito, señor Juez.
¡Matar la fe y el porvenir bendito
         de una infeliz mujer!
—¡Vete en paz, desdichada! Las pasiones
no las juzgan los hombres, sino Dios.
Matar el cuerpo es crimen en la tierra,
         matar el alma, no!

                    Ramón de CAMPOAMOR

LA CANONESA

    —Os idoiatro, marquesa,
de mi alma hicisteis presa:
ya sólo vuestra será
¿Y vos?

    —No sé qué dirá
¡mi tía la canonesa!
    —De obediencia sois modelo;
mas vos, decid, vos, ¿me amáis?
¡Oh sí! ya que me dejáis
mirar, mirándoos, al cielo.

—¡No me retardéis, pues, esa
blanca mano, reina mía!
—¿Y si no place a mi tía
la canonesa?

—Le placerá vive Dios!
...Y perdonadme, Clarisa,
si he jurado desta guisa
estando cerca de vos...
Mas ¡ay! que mi alma os ansía
y vos os mofáis así...

—Yo os amara; ¿pero y
la canonesa mi tía?

—¡Ingrata! y aún apura
de su sarcasmo el rigor
y ni la entibia mi amor
¡ni la mueve mi ternura!
Pues bien, muera yo y que aquí
termine mi agonía...
— No, no hagáis tal, por mi tía
la canonesa... (y por mí).

Amado NERVO

AMEMONOS

Buscaba mi alma con afán tu alma,
buscaba yo la virgen que mi frente
tocaba con su labio dulcemente
en el febril insomnio del amor.
Buscaba la mujer pálida y bella
que en sueños me visita desde niño,
para partir con ella mi cariño,
para partir con ella mi dolor.

Como en la sacra soledad del templo,
sin ver a Dios se siente su presencia,
yo presentí en el mundo tu existencia,
y como a Dios, sin verte, te adoré.

Y demandando sin cesar al cielo
la dulce compañera de mi suerte,
muy lejos de ti, sin conocerte,
en el ara de mi amor te levanté.

No preguntaba ni sabía tu nombre.
¿En dónde iba a encontrarte?... Lo ignoraba,
pero tu imagen dentro el alma estaba,
más bien presentimiento que ilusión.

Y apenas te miré... tú eras el ángel
compañero ideal de mi desvelo,
la casta virgen de mirar de cielo,
y de la frente pálida de amor.

Y la primera vez que nuestros ojos
sus miradas magnéticas cruzaron,
sin buscarse las manos se encontraron
y nos dijimos: "te amo" sin hablar.

Un sonrojo purísimo en tu frente,
algo de palidez sobre la mía,
y una sonrisa que hasta Dios subía...
así nos comprendimos... nada más.

¡Amémonos, mi bien! En este mundo
donde lágrimas tantas se derraman,
las que vierten quizás los que se aman
tienen yo no sé qué de bendición.

¡Amémonos, mi bien! Tiendan sus alas
dos corazones en dichoso vuelo;
amar es ver el entreabierto cielo
y levantar el alma en asunción.

Amar es empapar el pensamiento
en la fragancia del Edén perdido;
amar es...; amar es llevar herido
con un dardo celeste el corazón.

Es tocar los dinteles de la gloria,
es ver tus ojos, escuchar tu acento,
en el alma sentir el firmamento
y morir a tus pies de adoración.

Manuel M. FLORES

PANTALLA

¿Me preguntas ahora por qué estoy tan callado?
Porque llegó el momento, el gran momento,
La hora de los ojos y las dulces sonrisas...
La noche... y esta noche cuánto amor por ti siento.
Contra tu pecho apriétame. Necesito caricias.
Si tú supieras todo lo que en mí está subiendo
De deseo, de orgullo, de ambición, de ternura,
Y de bondad. Mas oye: Tú no puedes saberlo.
Baja la pantalla.
Mejor así estaremos.
Es en la sombra donde los corazones hablan:
Y los ojos... ¿comprendes?, se ve mucho mejor
Cuando en torno las cosas se empiezan a ver menos;
Te amo mucho esta noche para hablarte de amor.
Apriétame en tu pecho...
Sobre tu pecho... ¡Cuánta dulzura mi amor halla!
Y para acariciarte cómo ansío
Que llegue el turno mío...
Baja más la pantalla...
Pero no hablemos más. Juicio tengamos,
Estemos quietos. Dicha no hay ninguna,
En este instante de pasión ferviente,
Como sentir tus manos en mi frente.
Pero ¿qué es eso? ¿Quién nos importuna?
¡El café! Ponlo allá. Cierra la puerta.
¿De qué te estaba hablando?
¿Tomamos el café? ¿Después?... ¿Ahora?

¿Quieres que te lo sirva yo mismo?

¿Eso prefieres?

Está fuerte... ¿Azúcar? ¿Un terrón no más quieres?
¿Quieres que lo pruebe? ¿Será un terrón bastante?
Esta es la taza tuya. Toma el café al instante.
Que se te enfría. Y calla.
Y nada más hablemos.

¡Pero qué obscuridad. Si nada vemos...!
Alza un poco, amor mío, la pantalla.

Paul GERALDY

RETRATO DE MUJER

Ella es una muchacha muy gorda y muy fea;
pero con un gran contento interior.
Su vida es buena, como la de las vacas de su aldea,
y de mí posee mi mejor amor.

Es llena de vida como la mañana;
sus actividades no encuentran reposo,
es gorda, es buena, es alegre y es sana;
yo la amo por flaco, por malo, por triste y por ocioso.

En mi bohemia, cuando verde copa
se derramaba, demasiado henchida,
ella cosió botones a mi ropa
y solidaridades a mi vida.

Ella es de esas mujeres madres de todos
los que nacieron tristes o viven beodos;
de todos los que arrastran penosamente,
pisando sobre abrojos, su vida trunca.
Ella sustituyó a la hermana ausente
y a la esposa que no he tenido nunca.

Cuando se pone en jarras, parece un asa
de tinajo cada brazo suyo; es tan buena ama de casa
que cuando mi existencia vio manchada y helada ·
                                    (destruic..

la lavó, la planchó y luego, paciente,
la cosió por dos lados a la vida
y la ha tendido al sol piadosamente.

Rafael ARÉVALO MARTÍNEZ

EL SUEÑO

Apoya en mí la cabeza,
    si tienes sueño.
Apoya en mí la cabeza,
    aquí, en mi pecho.
Descansa, duérmete, sueña,
    no tengas miedo,
no tengas miedo del mundo,
    que yo te velo.
Levanta hacia mí tus ojos,
    tus ojos lentos,
y ciérralos poco a poco
    conmigo dentro;
ciérralos, aunque no quieras,
    muertos de sueño.

Ya estás dormida. Ya sube,
    baja tu pecho,
y el mío al compás del tuyo
    mide el silencio,
almohada de tu cabeza,
    celeste peso.
Mi pecho de varón duro,
    tabla de esfuerzo,
por ti se vuelve de plumas,

cojín de sueños.
Navega en dulce oleaje,
   ritmo sereno,
ritmo de olas perezosas
   el de tus pechos.

De cuando en cuando una grande,
   espuma al viento
suspiro que se te escapa
   volando al cielo,
y otra vez navegas lenta
   mares de sueño,
y soy yo quien te conduce,
   yo que te velo,
que para que te abandones
   te abrí mi pecho.
¿Qué sueñas? ¿Sueñas? ¿Qué buscan
   —palabras, besos —
tus labios que se te mueven,
   dormido rezo?

Si sueñas que estás conmigo,
   no es sólo sueño;
lo que te acuna y te mece
   soy yo, es mi pecho.

Despacio, brisas, despacio,
   que tiene sueño.
Mundo sonoro que rondas,
   haste silencio,
que está durmiendo mi niña,
   que está durmiendo
al compás que de los suyos
   copia mi pecho.
Que cuando se me despierte

buscando el cielo
encuentre arriba mis ojos
limpios y abiertos.

Gerardo DIEGO

ELLA DICE

—Esta noche no sales, te secuestro,
aquí está tu sillón, aquí tu lámpara,
tu pluma, tu tintero, tus cuartillas,
escribe, o lee, o sueña, o no hagas nada.
Esta noche no sales, te secuestro,
con mis tijeras cortaré tus alas.

Recorreré las piezas diligente,
iré, por ver la noche, a la ventana...
Fastidiaos, diré, hondas tinieblas,
rústicas brisas, estrellitas pampas,
esta noche no es para vosotras,
su meditar llena de luz la casa.
Aflojaré después las ropas mías,
esponjaré mi cabellera blanda,
te serviré un café como tú quieras,
escribirás las últimas palabras,
y verás qué reposo el de tu cuerpo:
de tu sillón, un paso, y a la cama.
Las almohadas creerás montón de flores,
frescas hojas las sábanas...

Y estarás dormitando todavía,
cuando entraré con silenciosa planta
a nuestro cuarto; tocaré tu hombro,
estirarás una pereza larga,

y ante tus ojos, de mis brazos puros,
rodará dulcemente la mañana.

FERNANDEZ MORENO

LAS FLORES DEL ROMERO...

Las flores del romero,
niña Isabel,
hoy son flores azules,
mañana serán miel.

Celosa estás, la niña
celosa estás de aquel
dichoso, pues le buscas,
ciego, pues no te ve,
ingrato, pues te enoja
y confiado, pues
no se disculpa hoy
de lo que hizo ayer.

Enjuguen esperanzas
lo que lloras por él;
que celos entre aquellos
que se han querido bien
hoy son flores azules,
mañana serán miel.

Aurora de ti misma
que cuando a amanecer
a tu placer empiezas,
te eclipsan tu placer,
serénense tus ojos
y más perlas no des,
que al sol le está mal
lo que a la aurora bien.

Desata como nieblas
todo lo que no ves;
que sospechas de amantes
y querellas después
hoy son flores azules,
mañana serán miel.

Luis de GONGORA

UNA NOCHE DE VERANO.

Una noche de verano
—estaba abierto el balcón
y la puerta de mi casa—
la muerte en mi casa entró.
Se fue acercando a su lecho
—ni siquiera me miró—,
con unos dedos muy finos
algo muy tenue rompió.
Silenciosa y sin mirarme,
la muerte otra vez pasó
delante de mí. —¿Qué has hecho?
La muerte no respondió.
Mi niña quedó tranquila,
dolido mi corazón.
¡Ay, lo que la muerte ha roto
era un hilo entre los dos!

Antonio MACHADO

SALMO DE AMOR

¡Dios te bendiga, amor, porque eres bella!
¡Dios te bendiga, amor, porque eres mía!

¡Dios te bendiga, amor, cuando te miro!
¡Dios te bendiga, amor, cuando me miras!

¡Dios te bendiga, si me guardas fe;
si no me guardas fe, Dios te bendiga!
¡Hoy que me haces vivir, bendita seas;
cuando me hagas morir, seas bendita!

¡Bendiga Dios tus pasos hacia el bien;
tus pasos hacia el mal, Dios los bendiga!
¡Bendiciones a ti cuando me acoges;
bendiciones a ti cuando me esquivas!

¡Bendígate la luz de la mañana
que al despertarte hiere tus pupilas;
bendígate la sombra de la noche,
que en su regazo te hallará dormida!

¡Abra los ojos para bendecirte,
antes de sucumbir, el que agoniza!
¡Si al herir te bendice el asesino,
que por su bendición Dios le bendiga!

¡Bendígate el humilde a quien socorras!
¡Bendígante, al nombrarte, tus amigas!
¡Bendígante los siervos de tu casa!
¡Los complacidos deudos te bendigan!

¡Te dé la tierra bendición en flores,
y el tiempo en copia de apacibles días,
y el mar se aquiete para bendecirte,
y el dolor se eche atrás y te bendiga!

¡Vuelva a tocar con el nevado lirio
Gabriel tu frente, y la declare ungida!

¡Dé el cielo a tu piedad don de milagro
y sanen los enfermos a tu vista!

¡Oh, querida mujer!... ¡Hoy que me adoras,
todo de bendiciones es el día!
¡Yo te bendigo, y quiero que conmigo
Dios y el cielo y la tierra te bendigan!

Eduardo MARQUINA

CASTIGO

I

¡Yo te juré mi amor sobre una tumba,
        sobre tu mármol santo!
        ¿sobre su mármol santo!
        conjuré temerario?

¿Sabes tú que los hijos de mi temple
        saludan ese mármol
con la faz en el polvo y sollozantes
        en el polvo besando?

¿Sabes tú las cenizas de qué muerta
        mintiendo has profanado?...
¡No lo quieras oír, que tus oídos
        ya no son un santuario!

¡No lo quieras oír!... ¡Como hay rituales
        secretos y sagrados,
hay tan augustos nombres que no todos
        son dignos de escucharlos!

II

Yo te di un corazón joven y justo...
    ¡por qué te lo habré dado!...
¡Lo colmaste de besos; y una noche
    te dio por devorarlo!

Y con ojos serenos... ¡el verdugo,
    que cumple su mandato,
solicita perdón de las criaturas
    que inmolará en el tajo!...

¡Tú le viste serena, indiferente,
    gemir agonizando,
mientras su roja sangre enrojecía
    tus mejillas de nardo!

Y tus ojos... ¡mis ojos de otro tiempo,
    que me temían tanto!
ni una perla tuvieron, ni una sola:
    ¡eres de nieve y mármol!

III

¿Acaso el que me roba tus caricias
    te habrá petrificado?
¿Acaso la ponzoña del Leteo
    te inyectó a su contacto?

¿O pretendes probarme en los crisoles
    de los celos amargos
y me vas a mostrar cuánto me quieres,
    después, entre tus brazos?...

¡No se prueban así, con ignominias,
    corazones hidalgos!

¡No se templa el acero damasquino
        metiéndolo en el fango!

Yo te alcé en mis estrofas, sobre todas,
        hasta rozar los astros:
tócale a mi venganza de poeta
        dejarte abandonada en el espacio.

ALMAFUERTE *(Pedro B. PALACIOS)*

LA ROSA DEL JARDINERO

de "Amores y Amoríos"

Era un jardín sonriente;
era una tranquila fuente
        de cristal;
era, a su borde asomada,
una rosa inmaculada
        de un rosal.
Era un viejo jardinero
que cuidaba con esmero
        del vergel,
y era la rosa un tesoro
de más quilates que el oro
        para él.
    A la orilla de la fuente
un caballero pasó,
y la rosa dulcemente
de su tallo separó.
Y al notar el jardinero
que faltaba en el rosal,
cantaba así, plañidero,
receloso de su mal:

—Rosa la más delicada
que por mi amor cultivada
        nunca fue;
rosa la más encendida,
la más fragante y pulida
        que cuidé;
blanca estrella que del cielo
curiosa de ver el suelo
        resbaló;
a la que una mariposa
de mancharla temerosa
        no llegó.
¿Quién te quiere? ¿Quién te llama
por tu bien o por tu mal?
¿Quién te llevó de la rama
que no estás en tu rosal?
    ¿Tú no sabes que es grosero
el mundo? ¿Que es traicionero
        el amor?
¿Que no se aprecia en la vida
la pura miel escondida
        en la flor?
¿Bajo qué cielo caíste?
¿A quién tu tesoro diste
        virginal?
¿En qué manos te deshojas?
¿Qué aliento quema tus hojas
        infernal?
¿Quién te cuida con esmero,
como el viejo jardinero
        te cuidó?
¿Quién por ti sólo suspira?
¿Quién te quiere? ¿Quién te mira
        como yo?
    ¿Quién te miente que te ama
con fe y con ternura igual?

¿Quién te llevó de la rama,
que no estás en tu rosal?

¿Por qué te fuiste tan pura
de otra vida a la ventura
        o al dolor?
¿Qué faltaba a tu recreo?
¿Qué a tu inocente deseo
        soñador?
En la fuente limpia y clara
¿espejo que te copiara
        no te di?
¿Los pájaros escondidos,
no cantaban en sus nidos
        para ti?
¿Cuando era el aire de fuego,
no resfresqué con mi riego
        tu calor?
¿No te dio mi trato amigo
en las heladas abrigo
        protector?
¿Quién para sí te reclama?
¿Te hará bien o te hará mal
¿Quién te llevó de la rama,
que no estás en tu rosal?

        *   *   *

Así un día y otro día,
entre espinas y entre flores,
el jardinero plañía
imaginando dolores,
desde aquél en que a la fuente
un caballero llegó,

y la rosa dulcemente
de su tallo separó.

Serafín y Joaquín ALVAREZ QUINTERO

ESTAR ENAMORADO

Estar enamorado, amigos, es encontrar
el nombre justo de la vida.
Es dar al fin con la palabra que para hacer
frente a la muerte se precisa.
Es recobrar la llave oculta que abre la cárcel
en que el alma está cautiva.
Es levantarse de la tierra con una fuerza
que reclama desde arriba.
Es respirar el ancho viento que por encima
de la carne se respira.
Es contemplar desde la cumbre de la persona
la razón de las heridas.
Es advertir en unos ojos una mirada
verdadera que nos mira.
Es sorprender en unas manos ese calor
de la perfecta compañía.
Es sospechar, que para siempre, la soledad
de nuestra sombra está vencida.

Estar enamorado, amigos, es descubrir
dónde se juntan cuerpo y alma.
Es percibir en el desierto la cristalina
voz de un río que nos llama.
Es ver el mar desde la torre donde ha quedado
prisionera nuestra infancia.
Es apoyar los ojos tristes en un paisaje
de cigüeñas y campanas.
Es ocupar un territorio donde conviven

los perfumes y las armas.
Es dar la ley a cada rosa y al mismo tiempo
recibirla de su espada.
Es confundir el sentimiento con una hoguera
que del pecho se levanta.
Es gobernar la luz del fuego y al mismo tiempo
ser esclavo de la llama.
Es entender la pensativa conversación
del corazón y la distancia.
Es encontrar el derrotero que lleva al reino
de la música sin tasa.

Estar enamorado, amigos, es adueñarse
de las noches y los días.
Es olvidar entre los dedos emocionados
la cabeza distraída.
Es recordar a Garcilaso cuando se siente
la canción de una herrería.
Es ir leyendo lo que escriben en el espacio
las primeras golondrinas.
Es ver la estrella de la tarde por la ventana
de una casa campesina.
Es contemplar un tren que pasa por la montaña,
con las luces encendidas.
Es comprender perfectamente que no hay fronteras
entre el sueño y la vigilia.
Es ignorar en qué consiste la diferencia
entre la pena y la alegría.
Es escuchar a medianoche la vagabunda
confesión de la lovizna.
Es divisar en las tinieblas del corazón
una pequeña lucecita.

Estar enamorados, amigos, es padecer
espacio y tiempo con dulzura.
Es despertarse una mañana con el secreto

de las flores y las frutas.
Es libertarse de sí mismo y estar unido
con las otras criaturas.
Es no saber si son ajenas o si son propias
las lejanas amarguras.
Es remontar hasta la fuente las aguas turbias
del torrente de la angustia.
Es compartir la luz del mundo y al mismo tiempo
compartir su noche oscura.
Es asombrarse y alegrarse de que la luna
todavía sea luna.
Es comprobar en cuerpo y alma que la tarea
de ser hombre es menos dura.
Es empezar a decir *siempre* y en adelante
no volver a decir *nunca*.
Y es además, amigos míos, estar seguro
de tener las manos puras.

Francisco Luis BERNARDEZ

RIMAS

I

Hoy la tierra y los cielos me sonríen,
hoy llega al fondo de mi alma el sol,
hoy la he visto... la he visto y me ha mirado...
¡Hoy creo en Dios!

II

—¿Qué es poesía? —dices mientras clavas
en mi pupila tu pupila azul;
—¿Qué es poesía? ¿Y tú me lo preguntas?
Poesía... eres tú.

III

Los suspiros son aire, y van al aire.
Las lágrimas son agua, y van al mar.
Dime, mujer: cuando el amor se olvida,
        ¿sabes tú adónde va?

Gustavo Adolfo BECQUER

EL SONETO DE CATORCE AÑOS

Está la noche limpia y clara.
Entra la luna en tu aposento.
¡Oh, si el espejo reflejara
tu atolondrado pensamiento!

Están abiertos los pulmones
para respirar el aire puro.
La brisa trae insinuaciones
para tu cuerpo prematuro.

Estás alegre y triste y rara.
Algo en tu carne va a nacer.
(Bien te podrías llamar Sara,
tal vez Judit, quizás Ester.)

Y hay un misterio que se aclara
entre la luna y la mujer.

Gerardo DIEGO

EL VAMPIRO

Ruedan tus rizos lóbregos y gruesos
por tus cándidas formas como un río,

y esparzo en su raudal crespo y sombrío
las rosas encendidas de mis besos.

En tanto que deshojo los espesos
anillos, siento el roce leve y frío
de tu mano, y un largo calosfrío
me recorre y penetra hasta los huesos.

Tus pupilas caóticas y hurañas
destellan cuando escuchas el suspiro
que sale desgarrando mis entrañas.

Y mientras yo agonizo, sedienta,
finges un negro y pertinaz vampiro
que de mi ardiente sangre se alimenta.

Efrén REBOLLEDO

LACERIA

No codicies mi boca. Es de ceniza
y es un hueco sonido de campanas mi risa,
no me oprimas las manos. Son polvo, mis dos manos
y al estrecharlas tocas comida de gusanos.

No trences mis cabellos. Mis cabellos son tierra
con la que han de nutrirse las plantas de la sierra.
No acaricies mis senos. Son de greda, los senos
que te empeñas en ver como lirios morenos.

¿Y aún me quieres, amado? ¿Y aún mi cuerpo
                                                        (pretendes
y largas, de deseo, las manos a mí tiendes?

¿Aún codicias, amado, la carne mentirosa
que es ceniza y se cubre de apariencias de rosa?

Bien, tómame. ¡Oh lacería!
¡Polvo que busca el polvo sin sentir su miseria!

Juana de IBARBOUROU

ITE MISSA EST

Yo adoro a una sonámbula con alma de Eloísa,
virgen como la nieve y honda como la mar;
su espíritu es la hostia de mi amorosa misa
y alzo al son de una dulce lira crepuscular.

Ojos de evocadora, gesto de profetisa,
en ella hay la sagrada frecuencia del altar;
su risa es la sonrisa suave de Monna Lisa,
sus labios son los únicos labios para besar.

Y he de besarla un día con rojo beso ardiente:
apoyada en mi brazo como convaleciente
me mirará asombrada con íntimo pavor.

La enamorada esfinge quedará estupefacta,
apagaré la llama de la vestal intacta.
¡Y la faunesa antigua me rugirá de amor!

Rubén DARIO

LA MUERTE DE LA BACANTE

Suelto el cabello que acaricia el viento,
desnudo el seno y el mirar salvaje,
vaga, ebria de pasión y de coraje,
la bacante en las playas de Tarento.

¡Vino y amor!, con delirante acento
dice, y desgarra su purpúreo traje;
cae la arena, y el hirviente oleaje
sus formas besa en blando movimiento.

Del deseo en el sueño delicioso,
piensa abrazar a aquel por quien delira,
cierra el párpado amor de voluptuoso.

Exánime después tierna suspira,
finge su boca un ósculo fogoso,
muerde la arena en su estertor... y expira...

Rafael de Zayaz ENRIQUEZ

MAÑANA A LA LUZ

Dios está azul. La flauta y el tambor
anuncian ya la luz de primavera.
¡Vivan las rosas, las rosas del amor,
en el verdor con sol de la pradera!

¡Vámonos al campo por romero,
vámonos, vámonos
por romero y por amor!...

Le pregunté: —¿Me dejas que te quiera?
Me respondió bromeando su pasión:
—Cuando florezca la luz de primavera,
voy a quererte con todo el corazón.

¡Vámonos al campo por romero,
vámonos, vámonos
por romero y por amor!...

—Ya floreció la luz de primavera.
¡Amor, la luz, amor, ya floreció!
Me dijo seria: —¿Tú quieres que te quiera?
¡Y la mañana de luz me traspasó!

¡Vámonos al campo por romero,
vámonos, vámonos
por romero y por amor!...

Alegran flauta y tambor nuestra bandera.
La mariposa está aquí con ilusión.
Mi novia es la rosa verdadera
¡y va a quererme con todo el corazón!

Juan Ramón JIMENEZ

D I C E N

ELLA DICE:

Sus ojos suplicantes me pidieron
una tierna mirada y por piedad
mis ojos se posaron en los suyos...
    Pero él me dijo: ¡más!

Sus ojos suplicantes me pidieron
una dulce sonrisa y por piedad
mis labios sonrieron a sus ojos...
    Pero él me dijo: ¡más!

Sus manos suplicantes me pidieron
que les diera las mías y en mi afán
de contentarlo, le entregué mis manos.
    Pero él me dijo: ¡más!

Sus labios suplicantes me pidieron
que les diera mi boca y por gustar
sus besos, le entregué mi boca trémula..
Pero él me dijo: ¡más!

Su ser, en una súplica suprema,
me pidió toda, ¡toda!, y por saciar
mi devorante sed, fui toda suya...
Pero él me dijo: ¡más!

DICE ÉL:

Le pedí una mirada y al mirarme
brillaba en sus pupilas la piedad
y sus ojos parece que decían:
¡No puedo darte más!

La pedí que sus manos me entregara
y al oprimir las mías con afán,
parece que en la sombra me decía:
¡No puedo darte más!

La pedía un beso, ¡un beso!, y al dejarme
sobre sus labios el amor gustar,
me decía su boca toda trémula:
¡No puedo darte más!

La pedí en una súplica suprema
que me diera su ser... y al estrechar
su cuerpo contra el mío me decía:
¡No puedo darte más!

Manuel MAGALLANES MOURE

PANDERETA

Beban otros las burbujas
de esa champaña extranjera,
yo prefiero las agujas
del vino de la ribera.
Sin desdeñar lo extranjero
en arte y vino prefiero
lo netamente español.

Me gusta la manzanilla,
las mujeres con mantilla
y el rasguear de una guitarra
bajo el toldo de una parra
en una tarde de sol,
y en la austeridad severa
de una estancia castellana,
sorprender una mañana
toda el alma de Sevilla
dentro de una serranilla
del marqués de Santillana,
o en la gracia soberana
de una estrofa de Zorrilla.

¡Oh Castilla, mi Castilla,
mi rancio pueblo español,
mis romances de Zorrilla,
mi caña de manzanilla
hecha con hebras de sol!
Te aseguro que no envidio
otra patria ni otros suelos,
yo prefiero, como Ovidio,
el solar de mis abuelos.

Cambio toda la elegancia
de tus vestidos de Francia,

todos los ricos tesoros
de tus plumas y tus pieles
por el ramo de claveles
que te llevas a los toros.

Más que todos los sombreros,
más que todas las diademas
que inventaron los joyeros,
me gusta la maravilla
del marco de tu mantilla,
sobre una capa bordada
cuando te miro apoyada
tendida en la barandilla
del delantero de grada.

Me gustas por arrogante,
me gustas por tu constante
desplante de chulería,
me gustas por religiosa,
me seduces por celosa
y me encantas por bravía.

Te quiero por tu alegría,
por tu gracia macarena,
por tu mirada serena
y tus labios de amapola.
¡Te quiero por española!
¡y te adoro por morena!

Pedro MATA

NEVER MORE

Colmados los deseos, la juventud perdida,
la carne sosegada, tranquilo el corazón,

iba yo por el mundo buscando la escondida
senda que fue el encanto de Fray Luis de León.

Y de pronto viniste a perturbar mi vida,
a sacudir mis nervios con nueva crispación,
a dar otra vez brotes a la rama aterida,
ardores a la sangre y aliento a la ilusión.

Y ahora que ya tengo la angustia de no verte
siempre el miedo constante y horrible de perderte,
pensar que vas a irte y que no volverás.

A sentir dentro del pecho esta duda que roe
y oír a todas horas aquel cuervo de Poe
que repite implacable: Nunca, nunca más...

Pedro MATA

DIOS HARA LO DEMAS

¿Que es inútil mi afán por conquistarte:
que ni me quieres hoy ni me querrás...?
Yo me contento, Amor con adorarte:
¡Dios hará lo demás!

Yo me contento, Amor, con sembrar rosas
en el camino azul por donde vas.
Tú sin mirarlas, en su senda posas
el pie: ¡Quizás mañana las verás!

Yo me contento, Amor, con sembrar rosas
¡Dios hará lo demás!

Amado NERVO

Volverán las oscuras golondrinas
En fu balcón los nidos a colgar,
Y otra vez con el ala a tus cristales
     Jugando llamarán;
Pero aquellas que el vuelo refrenaban
Tu hermosura y mi dicha al contemplar,
Aquellas que aprendieron nuestros nombres,
     Esas... no volverán!

Volverán las tupidas madreselvas
De tu jardín las tapias a escalar,
Y otra vez a la tarde, aun más hermosas
     Sus flores se abrirán;
Pero aquellas cuajadas de rocío
Cuyas gotas mirábamos temblar
Y caer, como lágrimas del día...
     Esas... no volverán!
Volverán del amor en tus oídos
Las palabras ardientes a sonar;
Tu corazón de su profundo sueño
     Tal vez despertará;
Pero mudo y absorto y de rodillas,
Como se adora a Dios en el altar,
Como yo te he querido, desengáñate,
     ¡Así no te querrán!

Gustavo Adolfo BECQUER

NO SE DECIRTE MAS

Gloria tiene que haber mientras aspires
Al bien eterno que alcanzar esperas;
En el Mundo habrá amor mientras tú quieras
Y en el cielo habrá luz mientras tú mires.

Las puras auras mientras tú suspires
Y habrá virtud hasta que tú te mueras,
Besarán a las flores hechiceras,
Y habrá belleza mientras tú no expires.

Que por ti que eres causa del anhelo,
Que siente por la Gloria el alma mía;
Tiene mi pecho amor, dicha y consuelo,
La noche estrellas... claridad el día,
Y si no hubiera por desgracia un cielo
Cuando murieras tú, se formaría.

Felipe **URIBARRI**

LO QUE YO QUIERO

I

Quiero ser las dos niñas de tus ojos,
las metálicas cuerdas de tu voz,
el rubor de tu sien cuando meditas
y el origen tenaz de tu rubor.

Quiero ser esas manos invisibles
que manejan por sí la Creación,
y formar con tus sueños y los míos
otro mundo mejor para los dos.

Eres tú, providencia de mi vida,
mi sostén, mi refugio, mi caudal:
cual si fueras mi madre yo te amo...

¡y todavía más!

II

Tengo celos del sol cuando te besa
con sus labios de luz y de calor...
del jazmín tropical y del jilguero
que decoran y alegran tu balcón!

Mando yo que ni el aire te sonría,
ni los astros, ni el ave, ni la flor,
ni la Fe, ni el amor, ni la esperanza,
ni ninguno, ni nada más que yo.

Eres tú, soberana de mis noches,
mi constante, perpetuo cavilar:
ambiciono tu amor como la Gloria...

¡y todavía más!

III

Yo no quiero que alguno te consuele
si me mata la fuerza de tu amor...
¡si me matan los besos insaciables,
fervorosos, ardientes que te doy!

Quiero yo que te invadan las tinieblas,
cuando ya para mí no salga el sol.
Quiero yo que defiendas mis despojos
del más breve ritual profanador.

Quiero yo que me llames y conjures
sobre labios y frente y corazón.
Quiero yo que sucumbas o enloquezcas...
¡loca sí, muerta, sí, te quiero yo!

Mi querida, mi bien, mi soberana,
mi refugio, mi sueño, mi caudal,

mi laurel, mi ambición, mi santa madre...

¡y todavía más!

Pedro Benjamín PALACIOS

COMPRENDELO, MI VIDA...

¡Oh, sí, muy bien comprendo tus razones,
es toda una locura!
pero comprende tú las emociones
del corazón que fluye su ternura
como fluye el perfume de las rosas.

Compréndelo, mi vida,
mi corazón no sabe de esas cosas
que arguyes incansable;
él lo ve todo amable,
no piensa que la herida
sucederá al sueño
y es absurdo tu empeño,
tan absurdo cual fuera
impedir al rosal que floreciera.

Yo te doy la razón,
¡es toda una locura!
pero mi corazón,
el corazón que te ama,
no piensa en la amargura,
no comprende la sombra porque es llama,
no comprende los lazos porque es viento
ni piensa en el mañana porque es ave.

Es inútil tu intento
por advertir la herida,

117

mi corazón tan sólo sabe
que te adora. ¡Compréndelo mi vida!

Malgré TOUT

AUSENCIA

Mi corazón enfermo de tu ausencia
expira de dolor porque te has ido.
¿En dónde está tu rostro bendecido?
¿Qué sitios ilumina tu presencia?
Ya mis males no alivia tu clemencia,
ya no dices ternuras a mi oído,
y expira de dolor porque te has ido,
mi corazón enfermo de tu ausencia.
Es inútil que finja indiferencia,
en balde busco el ala del olvido
para calmar un poco mi dolencia,
mi corazón enfermo de tu ausencia
expira de dolor porque te has ido.

Efrén REBOLLEDO

...TU, DE TODAS LA MAS AMADA

Al fin logré, Señora, hablarte cara a cara;
al fin, de tu palabra oí la nota rara:
al fin huyó el abismo que cruel nos separara.

Fue en una tarde fría —y en una recepción—
Madame de Pompadour —te proclamó el salón—
y bella, como ella, te vio mi corazón...

Temblé cuando tu mano, tocó la mano mía;
temblé cuando tu frase, brotó su melodía...
y bella como ella, te vio mi corazón...

Temblé cuando tu mano, tocó la mano mía;
temblé cuando tu frase, brotó su melodía...
—La música lloraba y el mundo se reía—.

De tus pupilas negras, miré el profundo abismo;
Y fueron tus pupilas un negro fatalismo,
para mis sueños blancos, cargados de idealismo...

Pero en tu boca ardiente, ardiente y misteriosa,
que hizo que en la sombra, te viera luminosa...
miré un supremo enigma, miré una extraña cosa.

Porque tu boca es alma, y tu alma es encendida;
porque de rojos besos, tu boca es la guarida;
porque tu loca boca, sorbió toda mi vida...

Perdón ¡oh gran Señora, por falta tan terrible!
Decirte que te amo, es algo incomprensible...
Porque tus besos guardan un mundo de imposibles...

Llamas serán tus ojos para mi senda obscura,
¡Tu voz, tu cuerpo, y todo a todo me conjura!
—Eres humana y bella, y cuanto ella, pura—.

¡Te sueño toda mía, sin frenos ni distancia!
y sin embargo, miro tu rostro y tu elegancia,
como a través de un cuadro del Gran Trianón de Fran-
                                                    (cia...

. . . .

Mas, a pesar de todo, te hablé yo cara a cara;
y oí de tu palabra, la nota dulce y rara...
(Aparentamos juntos, tristeza o fatalismo).
Nos atraemos juntos, pero algo nos separa...
Señora: dame el brazo... ¡y vamos al abismo!

Eres ¡ay! la imposible, porque tienes un dueño;
tu cuerpo y tus palabras, son propiedad de El:
sin embargo te anhelo, y a pesar de tu ceño,
pienso que allá en tu fondo... quisieras ser infiel.

Yo sé que me presientes en medio de tu sueño,
y que tu carne sufre al peso de ansia cruel:
pero es un imposible: te dio la vida un dueño,
y eres en cuerpo y alma la propiedad de El.

Me excitan tus ojeras, tu silencio me turba,
cuando solemne y pálida, —extraña flor temible—
gloriosamente pasas en medio de la turba...

Eres una pregunta fatal, bestial y horrible,
que al par que me fascina, me atedia y me conturba,
¡encierra lo imposible! ¡Encierra lo imposible!

Claudio de ALAS

D E S E O S

Yo quisiera salvar esa distancia,
ese abismo de amor que nos divide
y embriagarme de amor con la fragancia
mística y pura que tu ser despide.

Yo quisiera ser uno de los lazos
con que decoras tus ardientes sienes;

yo quisiera en el cielo de tus brazos
beber la gloria que en tus labios tienes!

Yo quisiera ser agua y que en mis olas,
que en mis olas vinieras a bañarte
para poder, como lo sueño a solas,
a un mismo tiempo por doquier besarte.

Yo quisiera ser lino y en tu lecho,
allá en las sombras con ardor cubrirte,
temblar con los temblores de tu pecho,
y morir del placer de comprimirte.

¡Oh! ¡Yo quisiera mucho más! Quisiera
llevarte en mí como la nube el fuego,
mas no como la nube en su carrera
para estallar y separarnos luego!

Yo quisiera en mí mismo confundirte,
confundirte en mí mismo y entrañarte;
yo quisiera en perfume convertirte,
convertirte en perfume y aspirarte.

Aspirarte en un soplo como esencia,
y unir a mis latidos tus latidos,
y unir a mi existencia tu existencia,
y unir a mis sentidos tus sentidos.

Aspirarte en un soplo del ambiente,
y así verte sobre mi vida en calma,
toda la llama de tu pecho ardiente
y todo el éter de lo azul de tu alma.

Aspirarte, mujer... De ti llamarme,
y en ciego, y sordo, y mudo constituirme,

y en ciego, y sordo, y mudo consagrarme
al deleite supremo de sentirte,
y la dicha suprema de adorarte!

Salvador DIAZ MIRON

ORACION PAGANA

Señor, aquí te entrego esta alma que me diste
porque señor, ¡no puedo ya vivir sin su amor!
¡Mi vida pesarosa se ha tornado más triste
y como un jugo amargo se exprime mi dolor...!

¡Señor, la tierra toda ha copiado mi duelo;
la tarde está sombría; se ha mustiado la flor,
y al escuchar mis quejas han detenido el vuelo
las aves, y agobiado se calló el surtidor...!

El cisne en el estanque interroga al arcano
y hasta la linfa tiembla con su interrogación.
Como una ala sombría se ha tendido mi mano,
mientras brota en mis labios la postrera oración.

La muerte me atalaya con su guadaña impía,
el sueño de mi vida se ha alejado veloz...
¡Señor, haz que él retorne...! ¡Yo lo amo todavía...
¡Que me arrulle como antes el eco de su voz!

Mi cuerpo está temblando como lirio de fuego;
mi lengua dolorida, clama loca por él,
y a los cielos fustiga con su pagano ruego
donde ruedan mis besos como gotas de miel...

¡Señor, haz que retorne! ¡Que venga a mí de nue-
(vo!
Y que no encuentre nada que su camino obstruya...
Por él será mi entraña como un bello renuevo
que presto dará flores... ¡Seré suya! ¡Muy suya!

Pero si él retorna, Señor: ¿para qué quiero
la vida y los ensueños que con su amor forjé?
¡Pensando en mi destino, de incertidumbre muero
y en mi pecho se apaga la estrella de mi fe...!

Señor, aquí te entrego esta alma que me diste
Señor, porque ya no puedo vivir sin su amor...
Mi vida pesarosa se ha tornado más triste
¡y como un jugo amargo se exprime mi dolor...!

Alicia LARDE

ÍNDICE

Título	Autor	Pág.

EDICIÓN JUNIO 2001
LITOGRÁFICA M.G.
FRAY PEDRO DE GANTE MZ. 12 LT. 122
COL. SECCIÓN XVI TLALPAN.